「責任感」こそが悪魔の方程式

神の数学

The Math of God

The Math of God:
Why responsibility is
the root of all evil!

著 MAHANANDA
（ジェームス・スキナー）

F
フローラル出版

はじめに

苦しみを解き、幸福へと導かれるヒントがある

経営コンサルタントとして、長くビジネスの世界で生きてきた。本書は、精神の世界について私が初めて記す一冊である。

目に見える世界を超えた世界があることを実体験したのは、3歳の頃だった。友達と一緒だった私は、森に迷ってしまった。どうしても道がわからず、歩き疲れ、困り果てた私は友達に言った。

「神様に聞いてみようか」

やってきた声に従って素直に歩いていくと、両親が向こうから歩いてきた。

その声がなかったら、今ここに私はいないかもしれない。以来、目には見えない世界があることを、疑問に思ったことはない。

人間の意識とは何か、ということを考えれば、自分たちがいかに小さな世界に閉じ込められているのかに気づくことができる。

記憶の罠というものの存在を知ることができれば、人生には途方もないポテンシャルが広がっていることがわかる。

人生は旅だと考えることが、いかにナンセンスか、ということにも気づくことができる。人生は旅ではないのだ。そして、人生は、誰が動かしているのかもわかる。

生きていく上で、最も大事なことは何か。成功者と、そうでない人の違いも、だ。

そしてビジネスにおいて、さまざまな課題を解決するため、ありとあらゆるものに目を向けているうち、精神の世界や宗教が、人間の社会にとって欠かせないものであることを確信するに至った。

理由はシンプルである。科学だけで解決できることは限られるからだ。科学では、どうしても答えられないことがあるのである。

そもそも私たち人間は、大天地宇宙の中では塵《ちり》にも満たない存在である。科学を知れば知るほど、この事実は私たちに迫ってくる。

では、そんな中で、自分の人生の意味と意義をどう考えていけばいいのか。これについて、科学は沈黙する。まったくのノーアイデアなのだ。

また、私たちはいずれみな死ぬ。天地宇宙の時間で見れば、私たちの生涯など、まばたきの時間にもならない。この死という実態を、私たちはどう受け止めればいいのか。ここでも科学は沈黙する。

問いは、日常生活にも潜む。自分の行動の善し悪しは、何に照らして判断するのか。科学は沈黙する。科学は予測の道具である。意志決定の道具ではない。私たちは、自分たちの道徳的観念に従わなければならない。意思決定というのは、価値観の明確化なのだ。ここでもまた、科学は沈黙する。

人間には、2つの道具箱が必要なのだ。客観的な道具箱と主観的な道具箱である。客観的な道具箱とは、科学、工学、数学、理論などでできあがっている。一方、主観的な道具箱は、宗教、神話、芸術、感性などでできあがっている。

両方の道具箱を使わなければならないのだ。

ところが、片方しか使えていない人がほとんどである。

だから、多くの人が悩み、苦しむことになる。人生に意義や意味を見つけられない。生き方に迷い、幸せを感じられない。

能力を活かし切れない。成長ができない。目標を持つことができない。いい人間関係が作れない。もっといえば、自分を超えた力があるのに、使うことができていない。主観的な道具箱とは何か。宗教はいかなるもので、人間に何をもたらしているのか。豊かな国と、そうでない国の違いとは何なのか。日々の生活を味気ないものにしているものの正体は何か。何を捨て、どこに向かうべきなのか。

本書では、苦しみを解き、幸福へと導かれるヒントを記した。多くの人に、知ってほしいことがある。

第1章 宇宙最大の謎、人間の「意識」

第2章 記憶の罠から脱出する

第3章 なぜ、宗教が必要なのか

第4章 神様の実在は証明することができる

第5章　神の数学、悪魔の数学

第6章 エゴがあなたを人質にしている

第7章　英雄の物語を作ろう

第8章 4つの元型を理解する

第9章 幸福に向かう道のり

第10章 死とは何か

執筆協力	上阪 徹
本文デザイン	増田捺治
本文DTP	三協美術
校正	大熊真一

第1章

宇宙最大の謎、人間の「意識」

脳は情報を省略している

最初に人間とは何であるか、私とは何であるか。そんな大事なテーマから話をしてみたい。

人間がどのように進化してきたのか、そのプロセスは科学的に解明されている。一つ、わかりやすいのは、できるだけ脳を使わないように進化した、ということである。というのも、オルドバイ渓谷（タンザニアにある渓谷。人類発祥の地と言われている）で起《た》ち上がってからの２００万年の進化のプロセスは、カロリー不足との戦いだったからだ。

今のような豊かな食生活を人間が手に入れたのは、ごくごく最近の話に過ぎない。それまでは、いかに食料を確保するかに常に頭をめぐらせなければならなかった。

食べられる植物は容易には見つけられなかった。動物を仕留めるのも簡単ではなかった。今のように狩猟のための武器があるわけではない。生きている動物をつかまえるのは、並大抵のことではなかったのだ。

というわけで、人間は常にカロリー不足の状態にあった。そこで、身体の中で最もエネルギーを消耗するところを、できるだけ使わないようにした。脳である。脳は最もカロリーを消費するのだ。

そして脳も、それに応えた。脳は情報をどんどん省略するようになったのである。


周囲を見渡すと、色とりどりの景色が目に入ってくる。青色、赤色、緑色……。しかし、色というものは、実は存在しない。光には種類はない。光子《こうし》があるだけだ。青い光子、赤い光子、緑の光子というのは、存在しないのである。それは、単なるエネルギーに過ぎない。

例えば、ろうそくに火をつけると、ある一定以上のエネルギーになれば1光子が放たれる。そしてエネルギーがそこで高まって、また1光子が放たれる。こうして矢継ぎ早に光子が放たれているが、赤い光子があるわけではない。

光子が次の光子に当たるスピードは、とんでもない速さなのだ。これを一つひとつ処理していると話にならないので、一定のスピードで目に当たる光子を、赤い色に張り替えている。脳が一つひとつの光子を見る代わりに、赤い色を作っているのだ。

色というのは、脳の現象であって、外の現象ではない。脳の情報省略道具なのである。

音も同様である。外の世界には音程などない。空気の中にあるのは、振動だけである。空気の粒子が振動し、波として伝達されていく。これが、人間の耳に至る。耳は、この振動を増幅させていき、電気信号に変える。

脳には電気信号しか聞こえていない。空気の振動は聞こえないのだ。なぜなら、振動の情報は、あまりにも多いからである。空気は至るところで常に揺れているのだ。

一つひとつの空気の揺れを解釈しようとすると、脳はパンクする。だから、電気信号に置き換え、さらに音程に置き換えている。速く振動するものは高く、ゆっくり来ているものは低く。そうすれば、振動について考えなくて済む。情報省略ができるのである。

したがって、コンサートホールにはコンサートはない。コンサートは、脳の中で行われているのである。

あなたが見ている世界は本当に存在しているのか

現実世界に戻って考えてみよう。科学では、すべての物質は原子でできている、と教わったはずだ。目の前にあるミカンもそうである。

そして、原子の構造が説明されたはずだ。真ん中に原子核があり、原子核のまわりを電子が回っている。原子核は、陽子と中性子の２つがくっついてできている。

では、目の前のミカンに入っている原子核の陽子と中性子、そのまわりを回っている電子と、私の身体を構成している原子核を構成する陽子と中性子、電子の種類は違うのだろうか。いや、同じである。

ということは、どんなに拡大解釈をしても、世界には陽子と中性子と電子しかない、ということになる。

あとは空間である。実は99パーセントは空間である。これを「場」という。つまり、場と陽子と中性子と電子の４種類で、世界は構成されているのだ。

そこに光がぶつかって跳ね返ってくる。オレンジ色に見えているミカンは、実はオレンジ色ではない。オレンジ以外の色なのだ。オレンジ色だけが、そこには入っていない。実はオレンジ色は吸収されないので、オレンジ色だけが跳ね返ってきているのである。

その光が我々の目に当たり、目がそれを電気信号に変える。その電気信号は視覚神経を通って脳に至る。脳は情報省略をして色を貼り付ける。

要するにこういうことだ。あなたは電気信号しか見たことがないのである。ミカンは見たことがないのだ。それは、電気信号なのだ。

したがって、オレンジの色やミカンの丸い形は、外の世界には存在していない。あなたの中にしか存在しないのだ。電子情報として目から脳に入って、脳の中でだけ認識されているものなのである。

それ以外に何が実在しているのか。

もしかすると、ミカンは実在しているのかもしれない。しかし、あなたはそれを知ることはできない。あなたには、自分のマインドの中に映し出されている画面しか見えないからだ。

ミカンはあなたの頭の中で作り上げられるものなのだ。実際にあるのは、陽子と中性子と電子だけなのである。

コンサートホールの音楽も、あなたの頭の中で作り上げられるものなのだ。外には空気圧しかない。外に音楽はない。外では空気が振動しているだけである。しかし、私たちには音楽に聞こえる。

そのすべては、脳が作っているのである。そのために、面白いことがたくさん起きるのである。

あなたの身体は、あなたではない

人間は、まわりの世界を見るとき、1スケールでしか見ない。ズームインしたり、ズームアウトしたりしない。

逆にいえば、ズームインしたり、ズームアウトすれば、まったく違う世界が見えてくる。どれだけ私たちの現在の知覚が限られているかが、わかる。脳をできるだけ使わないために、本当の力を使っていないのだ。

例えば、ズームインしてみる。この身体は、私なのか。答えはノーである。

身体は細胞でできている。その細胞はDNAからできた。では、そのDNAはどこからやって来たか。お父さんとお母さんから半分ずつもらっている。

しかし、その細胞には赤血球を除くと別の生き物が生きている。ミトコンドリアである。ミトコンドリアにもDNAがある。そのDNAはどこから来たのかというと、お母さんからだけ、である。まったく違うDNAが体内には存在しているということである。

細胞のDNAがあなただとしたら、ミトコンドリアのDNAはあなたなのか。もっというと、ミトコンドリアと細胞のDNAを合わせたところで、実は体内のDNAの2パーセントにしかならない。残り98パーセントは、バクテリアとウイルスである。

すべてのウイルスを殺す薬ができたとしたら、人間は大変なことになる。悪玉菌を抑制しているのは、悪玉菌を侵すウイルスなのだ。実はこの身体というのは、正しく言えば、せいぜいがバクテリアの植民地なのだ。

では、一細胞、一細胞、一ミトコンドリア、一ミトコンドリアずつ見ていくと、これは単独生物ではないのか。単独生物なのである。

しかも、その細胞は、あなたの身体を離れて生きることができるか。イエス。もちろんできる。輸血とは何だろう。あなたの細胞は、他の人の身体で元気よく生きていくということではないか。

皮膚の移植とは何だろう。あなたの皮膚の細胞は、誰かの皮膚として生きることができるのだ。目はどうか。腎臓はどうか。心臓はどうか。あなたの臓器は、別の生き物として生きられるのである。

それが、あなたのものと言えるのか。あなたの腕を切断したら、あなたは4分の3の存在になるのか。ならないだろう。あなたはまだ1である。

それなのになぜ、身体を自分だと思うのか。

それは、自分で勝手に思い込んでいるだけなのである。

そして同様に、自分の頭の中で見えている画像は、実はどこにあるのかはわからない。

目の前にある絵を見ているとき、それが見えている場所はどこなのか。脳にはその画像を映している場所は見つけられない。

それは、誰も知らない。これこそが、意識である。

意識というのは、宇宙の最大の謎なのだ。

しかし、意識が自分と何かしら関連があるということはわかっている。

そしてもう一つ、あなたの身体を構成している細胞は、あなたが生まれたときに生まれたのか。答えはノーである。

例えば、白血球の寿命は24時間である。手をバーンと打ち鳴らしたら、たくさんの細胞が死ぬ。しかし、同時に新しい細胞が生まれる。私が生まれたときに生まれたものでもなければ、私が死ぬときに死ぬものでもない。まさに、自分ではないのだ。

身体とは何か。それは、80兆もの生物が毎日集まって、あなたに人生体験を提供しようとしているものである。それが、身体なのだ。

1レンズだけで世界を見ず、ズームイン、ズームアウトすれば、スピリチュアルな世界に近づくことができる。

私たちは、大きな力を持っている

では、そろそろ楽しい話に入ろう。

あなたの脳は、一定の周波数で共鳴している。脳波を取れば、何ヘルツなのか、測ることができる。普通に起きている状態が何ヘルツ、寝ているときは何ヘルツ、夢を見ているときは何ヘルツ、トランス状態に入っているときは何ヘルツ、といった具合である。すべて、測ることができる。

つまり、我々の脳には帯域がある、ということである。例えば、ラジオがいろんな周波数を受信できる帯域があるのと同じように、私たちの脳は、いろいろな周波数で共鳴することができるということである。

では、この脳の帯域をどう使うように、私たちは教育されてきたか。起きている状態、夢を見ている状態、トランス状態など、いろいろな帯域があるわけだが、どのラジオを、どのチャンネルを受信するように教わってきたか。

起きている普通の状態だけなのではないか。これがいかにもったいないことか。幅広い帯域を受信できるラジオがあるのに、普通の状態しか使っていないのである。


学校に行って先生に聞いてみたところで、話は進まないだろう。

「今日は科学について学ぼう」

「先生、今日は夢を見ている状態の帯域について、勉強できますか」

「そういう勉強は必要ない」

先生は、科学的手法がどのように発見されたのか、知らないのである。デカルトが夢の中で見たということを知らないのだ。

「今日は生物について学ぼう」

「先生、今日こそ夢について勉強できますか」

「そういう勉強は必要ない」

先生は、ＤＮＡの構造がどのように発見されたのか、知らないのである。ジェームズ・ワトソンとフランシス・クリックが、夢の中で2つの蛇が絡み合っているのを見て、二重のらせん構造を思いついたことを知らないのだ。

「今日は物理を勉強しよう」

「先生、今日は夢を学べますか」

「いや、それはいらない」

先生は、原子の構造がそもそもどうやって発見されたか、知らないのである。理論物理学者ニールス・ボーアは夢の中でそれを見たのだ。

何かを調べて見つけたわけではない。脳が違う帯域にいるときに見つけたのである。

神秘家と呼ばれる聖人君子は、なぜ誰もが解説し得ないほどの幅広い知識と知覚を持っているのか？　まったく違う周波数で受信しているからだ。普通の人が見ている100倍の情報を得ているのである。

だが、多くの人にはそれができない。普通の帯域を使おうとするからだ。

実際、こんなことがあった。私の塾の塾生たちをインドのヨガセンターに連れていったことがある。瞑想体験をするアシュラムに車は向かったのだが、私はこう聞いた。

「みんな、ここに来る途中でアシュラムの看板はいくつありましたか？」

「ニワトリは何羽いましたか？」

誰も答えられなかった。まわりが見えていないのである。普通の帯域しか使っていないからだ。要するに、もったいないのである。

ビートルズはどうやって名曲「イエスタデイ」を生み出したか。メアリー・シェリーはどうやって「フランケンシュタイン」を思いついたのか。調べてみるといい。

私たちは、実は日常的に使っている力よりも、はるかに大きな力を持っている。これは、まず間違いない。自分のアクセスできるポテンシャルに、ほとんどアクセスしきれていないのだ。

だから、小さな目標しか持てない。本当は大きな目標に挑めるのに、それをしない。なぜ、みんなイーロン・マスクのようになれないのか。彼の目標の選び方は、最も人類の将来に影響するものは何か、である。エネルギー問題に取り組もうとテスラを作り、地球に何かあったら人類が危ないとスペースXを作った。なぜ、こういう目標が持てないのか。

そこには理由があるのである。

見えていない世界を信じない愚

アブラハム・マズローという有名な心理学者がいる。「欲求の5段階説」を出し、世界的に知られる人物だ。

人間の欲求を「生理的欲求」「安全の欲求」「社会的欲求」「承認欲求」「自己実現の欲求」の5つの階層に分けた。その階層はピラミッド状になっており、低い階層の欲求が満たされることによって、次の段階の欲求を求めるようになる、というものである。

だが、ほとんど知られていない事実がある。彼は死ぬ前に、自らの欲求段階説を否定しているのだ。「自己実現」では不十分だ、と語ったのである。

実際、欲求5段階説を知り、誰もが「自己実現」に向かって走っていったことでどうなったか。自己中心的になってしまったのである。

私がラクであればいい。私が楽しければいい。私がそれなりの娯楽、快楽が得られればいい。

ところが、これを追いかけていると最終的には、土をなめるほどに味気ない世界が待っていたことに、多くの人はもう気づいているのではないか。

マズロー自身、高齢になったときに、それを理解したのだ。そして、こう語ったのである。

「私は間違っていました。自己実現では不十分でした。その先に、自己超越が必要になるのです」

自分を超えた何か。

その何かが必要であると考えた瞬間に、私たちはスピリチュアルな旅に出かけて行くことになる。もっといえば、神の領域に入っていくことができる。今の教育体系だけでは、どうにも処理しきることができない世界に入る。

先にイーロン・マスクの目標を紹介した。だが、イーロン・マスクはその大きな目標の前では無能である。もちろん我々も無能ではあるが。

では、なぜイーロン・マスクはその目標に向き合えているのか。それは、自分よりも崇高な力に頼り始めたからである。自分の力に頼って生きるのではなく、より大きな何かしらの大きな力に頼って生きることを選んだのだ。

自分の力に頼って生きるなら有限である。しかし、自分より崇高な力に頼り始めたら無限なのだ。

自分を超えた力を、自分を超えた目的のために使う。それが本来、求められる生き方なのである。

自分が知らない世界があることに気づくべきだ。自分が意識できていない世界、見えていない世界があることを知るべきだ。

そこから、新しいポテンシャルの旅は始まる。

第2章

記憶の罠から
脱出する

世界は、イリュージョン(幻想)である

仏教では、こんなことが言われているのを知る人は少ない。

「目に見える世界は存在しない」

色も音もない。絵も音楽もない。

これは、陽子と中性子と電子と場しかない、と私が先に語ったことである。科学がそれを立証する前から、仏教ではそのことがわかっていたのである。

世界はすべてイリュージョンである。私たちがそれを作り上げているに過ぎない。このことに気づいていたのだ。

悟りを開いた人とは、リアリティがあるがままに見えるようになった人のことである。つまりは、すべては幻想だと気づいた人である。

逆にいえば、無限の可能性があるということだ。

私は核物理学者の息子として育った。

現代の物理学で教えてくれるのは、私たちが今、生きているこの世界は、無限の可能性の場だという興味深い事実である。

もし、無限の可能性の場に生きているとするならば、それは無限マイナス1の場ではないということである。

無限はあくまでも無限。

制限は実在し得ない。

制限が実在するためには、無限マイナス1の可能性の場だと言わなければならないからである。

そこであなたは抵抗するだろう。そうは言うものの、科学の法則があるではないか、と。重力や摩擦抵抗の法則がある。これは、制限を作り出すではないか。しかし、これは「生兵法《なまびょうほう》は怪我のもと」である。

正しく科学を理解すれば、制限にはならない。それは反対の法則を発見する機会でしかないからだ。

人間は重力があるから、空を飛ぶことができないと言う。しかし、これは制限として実在しているのではなく、浮遊力や推進力という反対の原則を発見する機会でしかなかったのである。

私たちは浮遊力、推進力という原則を発見することで、鳥よりも高く、速く空を飛ぶことができている。私たちには今、24時間以内に地球上で行けない場所はない。それこそスペースシャトルを使えば、東京からロサンゼルスまでは8分である。

では、リアリティについて考えてみよう。

部屋の中で、電球から光が出ている。では、この光はずっと出ているのか。継続的に出ているように見えるが、どうだろう。

先にも少し触れた。

これは錯覚だと、アインシュタインが証明しているのだ。アインシュタインが教えたのは、光の最小単位は1光子という話だった。

エネルギーがある一定のエネルギーになると1光子が放たれて、またエネルギーが高まってまた1光子が放たれる。これが矢継ぎ早に来る。だから、一定の周波数で、光は点滅しているのである。

なのになぜ、継続しているように見えるのか。それが、記憶の作用なのだ。

大金持ちと貧乏人のたったこれだけの差

私たちは、次の光が届くまでは、前の光を覚えているのだ。だから、頭の中では継続している。記憶が、その継続性を作り出している。

映画をイメージしてもらうといい。映画には、コマという単位がある。１コマずつ、画像が映し出されている。スクリーン上の映像は実は動いているわけではない。すべては静止画なのだ。

では、なぜ私たちはそれがつながって見えるのかというと、次のコマが映し出されるまでは、前のコマを記憶しているからである。

音も同じだ。音にも周波数がある。音の波が私たちの耳に入って、圧力として耳に当たる。そうすると、我々は次の圧力が来るまでは前の圧力を覚えていて、継続して音が出ているように私たち考える。

では、モノはどうか。原子より小さくこれを見つめていくと、すべて振動している糸である、と現代の物理学では教えられる。一定の周波数で振動し、存在しては消え、存在しては消え、を繰り返しているのが実態なのである。

私たちは、存在しているところに注目するが、実はもっと注目すべき面白いところがあるのだ。それが、点滅と点滅の間のスペースである。

この点滅のスペースに何が存在しているのか。これこそが、「無限の可能性の場」なのだ。量子力学の教えによると、現実はすべて一つの無限の可能性の場として存在している。

つまり、こういうことである。次の瞬間に、どの可能性でも現すことができる、ということなのだ。

図書館を思い浮かべてみるといい。あなたは図書館に立っている。サッカー場の何倍分もあり、数百階建ての高層ビルになっている。中東のアラブ首長国連邦・ドバイにある高さ828メートルの世界一高いタワー「バージュ・カリファ」よりも高い。そして、どのフロアでも、床から天井までびっしり本がおさまっている。

あなたは本に近づいていく。そこには、「あなたの、この瞬間からスタートする残りの人生の物語」と書いてある。とんでもない数のストーリーが図書館には並べられている。

大金持ちとして生きていくストーリー。
貧乏人として生きていくストーリー。
素敵な恋愛をして生きていくストーリー。
寂しく生きていくストーリー。
大きく社会に貢献していくストーリー。
社会にとって困った存在として生きていくストーリー。

そこには無限のバリエーションがある。実はこれこそが、私たちの立たされているリアリティと言える。
私たちは、この瞬間からスタートする無限のストーリーを選ぶことができるのだ。そのストーリーを棚から下ろし、読み始めることができるのである。そして次の瞬間には、私たちの前にあるのは、また無限のストーリーの選択肢がある。

では、一つ問題を出してみよう。大金持ちと貧乏人とがそれぞれ、朝6時に目を覚ましたとする。この2人の隔たり、違いとは何なのか。

よく考えてみてほしい。朝を迎えたこの瞬間の違い。どちらも人間である。お気づきの人もいるかもしれない。両者の違いはどこか。

「自分は大金持ちと覚えているか、貧乏人だと覚えているか」

その差でしかない。

一言でいえば、記憶に過ぎない。私たちはみな、この「記憶の罠」にはまっている。私たちは記憶によって生活の中に持続性、継続性を作り出し、その持続性、継続性に実はしがみついているだけなのである。

したがって、私たちが人生を大きく変えようと思うなら、この継続性を大きく断ち切る必要がある。

自分の安心領域の外に出よ

私たちは、「記憶の罠」から脱出しなければならない。そうすることで初めて、無限の可能性が見えてくる。図書館に並べられた無限のストーリーに出会うことができる。そのためにできる簡単なことを、一つ申し上げておきたい。それは、自分の安心領域の外に出る、ということである。

安心領域というのは、記憶によってできているからだ。自分が今までやったことがあること、今まで経験したことがあることは安心できる。

一方で、未知の世界はすべて不安を覚える。これが人間なのである。だが、変える方法がある。

行動心理学の分野では、面白い仮説が立てられている。その人が恐怖に思っているもの、そして避けようとしているものに少しずつ近づいてもらうのだ。

例えば、人前で話すのが大の苦手。そういう人には、誰も観客がいないステージに立ってもらう。ステージとはどういうところなのかを理解してもらう。あるいは、3歳の子どもの前でしゃべってもらう。子どもの前で緊張する人は少ない。

こうして少しずつ慣れていくことで、恐怖を乗り越えられるのではないか。これが、行動心理学の仮説だった。

そんなものは効かない、と仮説を立てた学者もいた。それこそ3歳児の前で話すのと、1000人の大人を前にして話すのとでは、現象が別だからである。能力としては移転しないのではないか、という反論を行ったのだ。

ところが、実際にやってみると、思いのほか、効果があった。恐怖に感じているものの、避けようとしているもの、苦手なものには、少しずつ近づいて慣れることで、乗り越えていけるようになった。

しかし、これも実は間違いだったことがわかる。慣れたのではなかったのである。そして、こういうことがわかった。

「それ自体だけでなく、他のことに対してもチャレンジができるようになった」

慣れたのではなく、勇敢になっていたのだ。恐怖が消えたのではなく、勇気が芽生えていたのである。

私たちは一度、安心領域の外に出て行くと、実質的によりポテンシャルの高い、いろんなことに取り組むことができる。いろんな可能性を活かすことができる人間に成長していけるのである。

人生はあなたの要求に応えてくれる

実は私自身、スピリチュアルの世界に触れ始めた頃、ひどい高所恐怖症だったことを、ここに告白する。桁《けた》外れの高所恐怖症だった。そこで私はスカイダイビングに行った。

映像を見たことがある人なら、すぐに想像いただけるだろう。普通の飛行機は当然、飛行中は扉が閉まっている。しかし、スカイダイビングに使う飛行機の扉はずっと開けてあるのだ。

インストラクターに後ろから抱き抱えられながら、私はその開けられた扉の前にしゃがむことになった。

恐怖どころの騒ぎではない。恐怖の彼方だった。そして自分の中から声が聞こえてきた。私が「アイツ」と呼んでいる声である（これについては後に詳述する）。

「お前は死ぬ。飛んだら、お前に限ってパラシュートが開かない。最後は垣根の上に落ちて、牛に食われてしまう」

牛は菜食主義者なのではあるが……。そのくらい私の心は恐怖の彼方にあったのである。冷や汗をかき、心臓がバクバクし、「無理だ、無理だ、無理だ」という声が叫んでいた。

そして私は飛んだ。

飛んだ瞬間、わかったことがあった。

怖かったのは、飛行機の中にいるときだけだったということだ。飛んでしまったら、恐怖はもうなかった。何も怖くなかった。


これは他のことでも同じだ。飛ぶまでが怖いのである。飛行機の中、つまり自分の安心領域から外に出るまでの間が怖いのである。しかし、外に出れば、恐怖はない。行動を起こし始めることができる。

そしてこの小さなチャレンジは全面的な勇気をくれた。その事柄に対してだけではなかった。私が治ったのは、高所恐怖症だけではなかった。実は海の中も怖かったのだ。

今は、スキューバダイビングが大好きである。より勇敢に無限の可能性にチャレンジできる人間になれたのである。

子どもの頃、母の机の上にシンプルなイラストが、画鋲で留めてあった。そこに描かれているのは、一つの墓石だった。埋葬されている人の名前は、日本語でいえば「平凡太郎」。どこにでもいる普通の人、という意味だったのだろう。

そして、弔辞の言葉が墓石の上に刻まれていた。彼がどんな人生を送ったのかが綴ってあるのだが、私は最後に書かれた言葉を今も覚えている。

「彼は人生に多くを要求しなかった。人生は彼の要求に応えた」

人生は、あなたの要求に応えてくれる。もしあなたの人生が平々凡々で素敵なものになっていないとすれば、それはあなたが素敵な人生を要求していないからだ。そして平々凡々でなくすためには、安心領域の外に出なければならない。

安心領域の外に出れば、人生には無限のストーリーがあることに気づけるのだ。

人生の目的はラクになることではない

もとより、人生の目的はラクになることではない。人生の目的は何かを考えてほしい。

多くの人が、何も起こらないことを人生の目的にしているように見える。とにかく安定、安心。事なかれ主義。可能性に目を向けない。外の世界に近づかない。似たような人たちだけで固まる。チャレンジする人を攻撃する。

実際、社会があなたのために描いている生き方とは、どのようなものか。生まれて2年間、あなたは思う存分に泣けばいい。しかし、実は自由なのは、この2年間だけだ。

あなたは保育園に入り、幼稚園に入る。それから6年間の小学校に入る。5年でもなければ、7年でもない。6年と決まっている。理由はわからない。

ここで何が行われるのかというと、先生の言う通りにさせられる。起立、礼、着席をはじめとした規律を徹底的に学ばされる。

中学に入ると、今度は試験勉強、試験勉強、試験勉強である。高校に入るための受験勉強が始まる。そして先生からは、偏差値が高い高校が勧められる。どうしてそうなのかは、先生は教えてくれない。

楽しい高校でもなく、人間関係のいい高校でもなく、卒業生たちがビジネスで大きな成功を得た高校でもなく、あくまでも偏差値の高い高校が勧められる。理由はわからない。

3年間、高校にいて、また受験をする。国立大学や偏差値が高い大学が勧められる。ここでも、その理由は知らされない。

大学を卒業して就職する。推奨されるのは、国家公務員になること。これは理由がはっきりしている。安定しているからである。

国家公務員になれなければ、地方公務員がいい。2番目に安定しているからである。それが無理であれば、大企業がいい。3番目に安定しているからである。

絶対にやってはいけないのは、自営業である。これは不安定だからだ。実は最も稼げるのだが。

そう、人生の最初の20数年、あなたは継続性、持続性、安定こそが人生の最高であるという価値観を教わってきているのだ。

さらに組織に入ってからも40数年、上司の言う通りにして過ごす。目立つな、出る釘は打たれる、上司よりも早く帰ってはいけない、といったマナーも学ぶ。

それから退職金をもらい、年金をもらい、静かにひっそりと暮らす。そして平均84・5歳で「特に振り返りたいことはなかった」と言ってこの世を去る。

これが本当にあなたの望む人生なのか。もっと冒険のある、いろんなことが起こる人生を望んでいるということはないのか。

ここで、はっきり言っておきたい。人生で何も起きたことがない老人ほど、くだらないものは世の中にない。実際、こういう人たちが、人々の新しい可能性の芽を摘むのだ。若者の、子どもたちの成長や夢を阻んでいくのである。

安心領域から出る。

失敗して職を失った？　そんなエピソードがあれば、一生、語れるではないか。経済的な困難？　それも一度や二度、出会ってみればいい。それは人生の貴重なストーリーになる。

大いなる大失恋もしよう。これまたかけがえのない思い出になる。

私たちは、ラクになるために生きているわけではないのだ。100パーセント、生きられるだけの人生を生きるために生きているのだ。

それができたら、私たちは人生を振り返って、後に残る人にこう叫ぶことができる。

「オレは生きたんだ。どうだ？　お前たちも、オレと同じくらい生きられるものなら、生きてみろ」

そう言える人生をこそ、送るべきだろう。

どうして自分をそれほど小さく見せるのか

そもそも先でも触れているように、仏教の世界では、現実はイリュージョンである。目に見える世界は存在しない。

この考えに基づけば、外の世界にあるものは、実は何も見えていないということになる。なのになぜ、安心領域にこだわり、新しいことに恐怖を持って生きるのか。

実際、例えば、家が火事でなくなってしまったら、「これでもう私はおしまいだ」と多くの人は思う。職を失ったら、「これでもう自分の人生は終わった」と考えてしまう。

しかし、悟りを開いている人たちは、そんなことになっても、なんとも思わない。実際には、あなたには何も起きていない。

仏教の聖人君子に学びに行くと、興味深いことに気づく。彼らは、おかしな目で私たちを見るのである。

私たちは、おののく。こちらの恐怖がわかってしまったのではないか。見透かされているのではないか。自分の小ささがバレてしまうのではないか……。

しかし、聖人君子はそんな目では見ていない。不思議がっているだけである。

「目の前には神様がいるのに、なぜそんなに小さいふりをしているのか」

人間という「神様」が小さいふりをしているのを見て、不思議がっているのだ。

キリスト教の隠れ教典の中にも、面白い言葉が書かれている。

「人間があるがごとく、かつて神ありき。神が現在いるがごとく、人間はなれり」

キリスト教でも、人間は神の子だと言っている。神の子と言っているのは、神様になれる性質を持っているから、そう言っているのである。ところが、人間がそれを忘れてしまっているのである。

自分の目に見えるものだけを信じ、本来の力の大きさを信じていない。自分の目に映るかどうかばかりを心配しているのである。

日本の古典『伊勢物語』にも、こんな言葉がある。

「昔、男ありけり。その男、身を用なきものに思いなして、京にはあらじ、東の方に住むべき国求めにとて行きけり」

自分の身を用なきもの、どうでもいいもの、としてしまっている。自分は素晴らしい存在ではない、と。

このビクつきぶりは、もはや病気ではないか。この病気が伝染してしまっている。99パーセントの人間がかかってしまっているのではないか。

現実はイリュージョンなのだ。自分の世界は、自分で作り上げているのである。自分の世界は、自分の中にしかない世界なのである。

実はどんな世界も、自分の「中」に起きていることなのである。だから、あなたは、どんな世界も自分で作り上げることができる。それ以外にあなたが経験できる、あなたが把握できる現実はないのである。

「中」の世界をまずは完成させなければならない

みんな外の世界にばかり気を取られている。外の世界を直そうとしている。おいしいミカンを探し出せないか。より素敵な伴侶を見つけられないか。より賃金の高い仕事に就くことはできないか。より着心地のいい洋服を見つけることはできないか……。

科学と技術でずっと外の世界を直そうと、人々は数千年にわたって過ごしてきた。しかし、それであなたは幸せになっただろうか。

外の世界を直しても、本質的な問題は解決されていない。やらなければいけないのは、「中」の世界を完成させることなのだ。自分の「中」を変えることである。

インドの師匠の一人から、こんな問いを受けたことがある。

「たったの24時間、あなた以外の、たった一人の人間が、あなたの思う通りになってくれたことがあったか？」

答えはノーである。

そして、これからもない。

では、この問いはどうだろう。

「24時間、自分の感じたいように感じることはできるか？　自分の見たい世界を見ることができるか？」

これはイエスと言えるのではないか。


アメリカの鉄鋼王アンドリュー・カーネギーについてナポレオン・ヒルが有名な書物を残している。彼がそのまま語った言葉はあまり知られていないが、その本には次のような問答が紹介されている。

「どうしてあなたはそれほど巨大な財産を築き上げられたのか？」

という問いに、カーネギーはこう答えた。

「それは簡単なことだよ。私には5分以上、一つのことを思い続ける力があるからだ」

わずか5分間、自分の「中」を自分の保ちたい状態に保つ力があれば、世界を牛耳《ぎゅうじ》ることができると言うのだ。

「中」の世界をまず完成させなければいけない。それ以外に人生経験はない。

いつまで飲み屋に行って会社や上司の悪口を言って過ごすのか。同じ夫婦ゲンカを何年続けるのか。20年前と同じ愚痴を今もこぼしていないか……。

それは楽しい人生だろうか。人生経験は「中」で起きているのだ。まずは、その埃《ほこり》を叩いて、磨き直さないといけない。

人生は旅だと思っている人の多さ

そもそも人生を勘違いしている人は多い。人生は旅だと考えている人が多いのだ。しかし、人生は旅ではない。なぜなら、行ける目的地は存在しないからである。なのに多くの人は、自分の幸せや自分の人生の意味や意義を、将来の出来事に見出そうとしている。将来の何かしらの出来事に期待している。

いい学校にさえ入ることができれば。
卒業して、いい会社に就職することさえできれば。
結婚さえできれば。
昇進することさえできれば。
無事に定年退職することさえできれば。
そして、最後に死ぬことさえできれば。

これは大きな間違いである。自分の幸せは将来にあると思ったら、その幸せは永遠に手に入らない。

その理由は簡単である。将来は存在しないからである。

将来は存在しない。それがおかしいと思うなら、この問いに答えてほしい。あなたは将来に一度でも行ったことがあるのか。明日、来週、来月、来年……。一度でも行ったことがあるか。

ないのである。

では、100年後、あなたはどこにいるのか。

今にいるのだ。

要するに、こういうことだ。あなたは「今」にしかいられない。明日はないのである。明日になっても「今」があるだけだ。

人生を音楽に譬《たと》えてみよう。音楽には目的地はあるか。それはない。その音楽を聴いて、一瞬一瞬を楽しむ。これが目的である。音楽はどこにも向かっていない。踊りはどうだろう。踊りには目的地などない。今、踊ることが目的なのだ。

同じように人生にも目的地はない。到達できるところはないのだ。

そう、あなたはすでに、人生の目的地に到達している。「今」こそがそうなのだ。「今」以外に人生の目的地はない。

ヨーガ哲学の教典「ヨーガ・スートラ」について、こんな神話がある。

インドのリシ（仙人）たちがあるとき、神様のところに文句を言いに行った。インドの神様は3つある。創造の神様、ブラフマー。保持の神様、ヴィシュヌ。そして、破壊の神様で変化をもたらしてくれるシヴァ。

リシたちが訪問したのは、シヴァ神のもとだった。

「神様、アーユルヴェーダを与えてくださることによって、人間の身体の悩みはすべて解決されました」

アーユルヴェーダとは、健康法である。

「しかし、身体の問題は解決されましたが、精神の苦しみが多分に残っています。これをなんとかしてください」

　シヴァ神は言った。

「わかりました。では、パタンジャリを遣わして、ヨガを教えてもらいましょう」

　パタンジャリとは、下の身体が蛇の形になっていて、上が人間になっている。日本を含めた西洋では、ヨガは健康法だと思われているがそれは違う。健康法はアーユルヴェーダで先に解決しなければならないのだ。ヨーガ・スートラは、世界最初の精神衛生の教科書なのである。

　そして、その最初の1節、サマディパダには、こう書かれている。

「atha yoga anushasanam（アタ ヨガ アヌシャサナム）」

　この「atha」とは「now」の意である。日本語では「今」だ。「今」という言葉がわかっていれば、ヨガの哲学を理解していることになる。ここでも「今」なのだ。


　こういうことである。自分の幸せは将来には見出せない。

「今」にいながら、恐怖を抱くことはできるだろうか。答えはノーだ。できないのだ。

恐怖は、将来に行かなければ起こらない。将来を考えるから、恐怖になるのだ。

明日はどうなるのだろう。来月は生きていけるのか。資金繰りはどうなるか。夫婦関係は大丈夫か。会社はつぶれないか。子どもは学校に入れるか。老後のお金は大丈夫か。病気にならないか……。先のことを考えるから、恐怖は生まれる。

あなたは3カ月後の痛みも、3年後の痛みも、30年後の痛みも、一生涯の痛みをすべて、今日に感じようとしている。

これもまた、罠である。マインドの罠だ。

イエス・キリストも同じことを言っている。

「明日、何を着、何を食べるのか、思いわずらうなかれ。野原のユリを思い見よ。彼らは労することもなく、つむぐこともなく、倉に収まることはない。けれども、歴史上、最も大金持ちだったソロモン王でさえ、最も興隆していたときに、このユリの花の一輪に、その装いはかなわなかった。あなたはこの一輪のユリの花くらい、美しくあることができるのか」

あなたに問われているのは、将来ではない。「今」なのである。

第3章

なぜ、宗教が必要なのか

客観的な道具箱、主観的な道具箱

私は長く経営コンサルタントとして仕事をしてきた。基礎的な道具として持っているのが、「ゼロベース思考」である。これは、今の○○をすでに作っていなかったら、今さら作ったり、導入したりしているだろうか。答えが「ノー」であればそれを廃止して、あるべきものをさっそく作るというものだ。

そして、このアプローチをありとあらゆるものに向けているうち、ある日、宗教に目が向いた。

もしキリストが生まれておらず、お釈迦様も存在せず、ムハンマドもいない。聖書もない、コーランもない、ヒンズー教の聖典であるバガヴァット・ギーターもない。そういう世の中だったら、人間は改めて宗教を作るだろうか、と。

私の答えはイエスだった。人間は必ず宗教を作る。なぜなら、科学では、どうしても答えられない質問があるからである。

前述したように、科学を知れば知るほど、人間は塵にも満たない存在だということがわかる。この大天地宇宙の中で、私たちは本当にちっぽけな存在なのだ。では、その事実を受けて、自分の人生の意味と意義をどう考えるか。これについて、科学は沈黙する。ノーアイデアなのだ。

先にも触れたように、私は優秀な核物理学者の息子として育った。科学のなんたるかは、多くの科学者以上にわかっているつもりである。なぜなら、科学者の多くは、科学のなんたるかを勉強させられずに、科学をやっているからだ。

新型コロナウイルスの感染拡大が進む中、妙なことが起きた。政府が科学に従う、と言ったのである。科学は従うべき存在ではない。科学は予測の道具であって、意志決定の道具ではないのだ。

スマートフォンを窓から投げたら、どこまで飛ぶか、どこに落ちるか、どのくらいの破壊力でどう壊れるのか、それを科学は予測することはできる。しかし、スマートフォンを壊すことが望ましいかどうかは、科学は知らない。

意志決定というのは、価値観の明確化なのだ。科学は、価値観を明確にすることはできないのである。

また、いずれ私たちは誰もが死ぬ。すぐ死ぬかもしれない。天地宇宙の時間で見れば、私たちの生涯などまばたきの時間にもならないが、この死という実態を私たちはどう捉えるべきか。科学は沈黙する。

いつ死ぬのか、どうして死んだのか、死んでいるかどうかの判断は、科学は得意だが、死をどう捉えるべきかは科学には一切わからない。

さらに、私たちは自分たちの行動の善し悪しを何に照らして決めているのかというと、道徳的観念である。しかし、科学には道徳的観念はない。

人間が生きていく上で、2つの道具箱が必要なのだ。それは客観的な道具箱と、主観的な道具箱である。客観的な道具箱というのは、科学、工学、数学理論などである。一方、主観的な道具箱とは、道徳、感性、アート、神話、そして宗教でできあがっている道具箱である。

人間が高層ビルを建てるときには、どちらの道具箱が必要か。それは明確である。客観的な道具箱だ。計算が合っていなければ、ビルは建たない。万が一、建ったとしても、すぐに倒れてしまう。

しかし、ビルを建てるかどうかについては、客観的道具箱は役に立たない。そのビルは、私たちの住んでいる街をさらに美しくし、その魅力を高めることに貢献するか。ここにある美を破壊することにはならないか。この街や社会の幸福に貢献するか。人々に良い気持ちを与えられるか……。

そしてそのビルが引き寄せる経済活動は、私たちの価値観に合っているか。私たちの目標に合うのか。私たちはそこで大きな満足感は得られるのか。私たちの価値観や宗教的信念に合っているか。

これらの質問について、科学には一切答えがない。ビルの作り方は知っていても、作るべきかどうかは知らない。そのためには主観的な道具箱が必要である。道徳的観念、感性、芸術的センス、宗教観などを照らし合わせて考えなければならない。

つまりは、両方が必要なのだ。両方の道具箱を効果的に使うことで初めて、建設基準も満たし、人の幸福に貢献する施設を実現できるのである。

ところが、現代の社会では片方しか教わっていない人が多い。あるいは道具箱の違いを意識できていない人が多いのである。

道具箱の使い方を間違える人たち

私たちの数多くの間違いは、道具箱の選び間違いに起因している。客観的な道具箱で解決すべき問題を、主観的な道具箱で解決しようとしたり、主観的な道具箱で解決すべきものを、客観的な道具箱で解決しようとしたりする。

これが入れ違ってしまうと、大変なことが起きる。わかりやすい例として、私はよく結婚している男性に、こう問いかける。

「奥さんとのケンカを理論で解決しようとしたことはありませんか？」

つまりは、客観的な道具箱で、妻と論争をしようとしてしまう。多くの男性は、この経験を持っている。そして、それでは解決に失敗する。夫婦ゲンカは、客観的な道具箱ではどうにもならない。必要なのは、主観的な道具箱なのである。

だが、この間違いはあらゆるところで起きている。しかも、社会を大きく揺るがせるような問題にも発展しかねない。

わかりやすいのは、先にも少し触れた新型コロナのパンデミックだろう。多くの政治家が声を揃えてこんなことを言っていたのだ。

「私たちは科学に従わなければならない」

ありえない発言である。科学は導く道具ではない。意志決定を行う道具は、一切持ち合わせていない。それは、科学的な事実である。「なぜ?」や「可能か?」という質問には多くの場合、答えることができるが、「すべき?」には答えられない。

パンデミックがどのくらいのスピードで広まるのかを測定することはできる。何パーセントくらいの人がその病気で亡くなるのかを測定することはできる。

ワクチンや抗ウイルス剤を、その病気と闘うために開発することはできる。そういう薬はいつ頃になったら手に入るのかを知ることはできる。

しかし、この情報をどのように使うべきかを教えることはできない。意志決定というのは、それほど簡単なものではないのだ。

自国に住む高齢者を守り、伝染病棟の効率的な運営を目指すこともわかる。しかし、ロックダウンによって世界のビジネスが破壊され、実は発展途上国をはじめとした第三世界が大きな影響を受け、そこに住む多くの人々の餓死が引き起される事態になるということも理解しなければいけない。

また、病気の広まるスピードを遅くしようと、ウイルスと戦うドラッグを開発するために、妊娠している母親のケアや働く母親の子どもたちのためのケアに、お金が向かわなくなる可能性があるということも理解しなければいけない。

これらはすべて価値観の問題であり、そのプライオリティはどうすべきか、科学には答えはない。価値観は科学の道具箱には入っていない。主観的な道具箱で判断しなければいけないのだ。

科学は原子爆弾を作ることができるか？　イエス。

では、原子爆弾を作るべきか？　ノーだろう。

科学は、環境と自然の生態系が滅びるまでモノの製造を行うことができるか？　イエス。

では、自然の環境を破壊すべきか？　ノーだろう。

科学は古い寺院をすべて倒壊させ、その代わりに高層ビルを建てることができるか？

イエス。

しかし、そうすることで社会に住む人たちはより幸せになれるか？

これまたノーではないか。

普遍的な幸せを達成しようと考えるのであれば、子どもたちへの教育、さらには大人の再教育は、この両方の道具箱を教えるものでなければならない。

特に足りないのが、神話、倫理、歴史、ヒーロー、アクト、芸術、音楽、ダンス、美意識、そして宗教であることに、すでに多くの人は気がついているのではないか。

主観的な道具箱は、その正統な立場を取り戻さなければならない。私たちの人生が価値を持つためには、私たちの価値観に基づいていなければならない。

そして同時に私たちは、科学的手法に対する理解を深めなければならない。工学に入っているエレガントなトレードオフも学ばなければならない。

すべての人間は、この2つの道具箱という財産を受け継ぐべきなのである。

必要なのは、「包括的叡智」である

イギリスの経済学者であり哲学者でもあるアダム・スミスが、世界に大きな影響を与えることになる著書『国富論』を出版したのは、1776年のことだ。以来、世界は「分業」の道をたどってきた。教育は、専門家を育てることに必死になった。しかし、これが多くの問題を生み出す結果になった。

今、必要なのは、専門家ではなく、包括的叡智を持つ人である。私たちが直面する重要な問題は一元的なものではなく、さまざまな側面を持っているものだからだ。

例えば、会社の問題を考えてみよう。新商品を発売しようとする。当然、これが売り上げにどんな影響を与えるのかを考えなければならない。そこで、営業部長という専門家の意見を聞くことになるだろう。営業部長はこう言う。

「これはたくさん売れる。ぜひ、売っていきましょう」

しかし、この意見だけでは会社はつぶれかねない。他にも考えなければいけないことが、たくさんあるからだ。

コンプライアンスの問題はどうか。この商品を売ることは合法的なのか。製造部にどんな影響を与えるのか。効率良く作るノウハウはあるか。不良品を少なくできるか。長期において、顧客満足に結びつくかどうかも考えなければいけない。

もちろん経理部の意見を聞くことも重要だ。これまでの商品は利益率が高かったが、この商品は利益性が低い。売り上げが大きくなるからと、これまでの商品を減らして、この商品ばかり売ろうとすると会社の利益は必ずしも大きくはならない。

こんなふうに、さまざまな観点から問題を見る必要がある。

そしてこれは、会社の問題だけではない。あらゆる事象に、同じことが言える。

パンデミックについては先にも少し触れたが、疫学者の意見を聞くだけでは大きな問題があることに、多くの人が気づいているだろう。

経済にどんな影響を与えるのかも考えなければならない。経済が発展できなければ、薬を開発するための資源も、治療を行うための資源も得られない。他の病気の治療もできなくなる。やがて、食べるものにも事欠くようなことになりかねない。経済が回っているからこそ、できることがあるのだ。だから、経済学者の意見も聞かなければならない。

それだけではない。精神面のフォローはどうなるか。子どもたちはみな、マスクをしている人しか見ないで育ってしまう。これからどんな社会情緒的な障害が待っているか、十分に議論しておく必要がある。精神科医や教育の専門家の意見も求められる。私たちの免疫機能を強化するための健康維持も必要である。健康の専門家、フィットネスの専門家などの意見も重要となる。

すべての問題は、多面的に見なければならないのだ。そうすることができて初めて、叡智と言える。

世の聖人君子の特徴はここにある。彼らは、問題の一側面だけを見ることはない。ありとあらゆる側面から、問題を見る。だから、他の人たちが気づけないことに気づける。それは、現実をあるがままに見る、ということでもある。

まさに、悟りを開いた人の特徴と言える。

目の前に、たくさんのダイヤモンドが落ちている

包括的叡智が何をもたらすか、具体的な話を付け加えておこう。

かつて多くの経営者とともに、インドを旅したことがある。小さな田舎町、ウダイプルに宿泊した。そこで私は経営者たちに、こう言った。

「表に出てみてほしい。5分も歩けば、1000億円のビジネスが思い浮かぶはずだ」

貧しい国の片田舎の街である。こんな所にも大きな機会があるのか。だが、表に出れば、すぐに気づくことがある。空気がとても悪い。当時のインドは、世界で最も大気が汚れていた。背景にあったのは、工業活動ではなかった。農業活動だった。

収穫が終わると畑を焼く。その煙で大気が汚れてしまうのだ。空気の悪さには、どんな鈍感な人でも気づく。そして、ここに大きなビジネスのチャンスがあることにも。

畑で焼かれていたのは、藁だった。そして焼かれるわけだから、当然、熱くなる。熱さは、エネルギーである。それこそ小学生でも、それはわかる。

ならば、この藁をプレスにかけてレンガの形にし、火力発電所で燃やしたらどうか。石炭と同じように燃えるのではないか。石炭の代わりにできるのではないか。そうすれば、発電時に二酸化炭素の排出量も減らせる。畑で焼くことがなくなれば、空気もきれいになる。これなら政府も助成金を出す。

これは、実際にインドで実用化されているアイデアである。

もう少し道を歩いて行くと、現地の女性がみな派手なサリーを身に纏っていることがわかる。インドの民族衣装である。鮮やかな赤や緑が目に入ってくる。どんなに鈍感な人でも、このくらいのことには気づける。現地の女性は派手なファッションが好きだ。そして、現地の空気は悪い。しかし、みんながその派手なファッションに似つかわしくない、地味なマスクをつけていた。ここで、現地のファッションにぴったり合うようなデザインの紙マスクを作って、売り出してみたらどうなるか。

インドの女性は7億人。1パック1ドルで売ったら、1000億円の商売になる。小さな村で道を歩いただけで、1000億円のビジネスがたくさん思い浮かんだのだ。

それができるのは、自分の専門的な見地ではなく、あるがままにリアリティを見つめてみるからである。そうすれば、新しい現実が私たちを待ち受けている。

南アフリカに旅したとき、バール川を訪れたことを今も覚えている。かつてそこに、農園を経営していた2人の兄弟がいた。土地は、とても荒廃していた。こんなところで農業をやる人たちの気持ちがしれない。実際、2人は農園を営んで、苦しい思いばかりしていた。毎日、土を掘り起こすが、いい収穫がなかなかできない。とうとう彼らは、農園を諦めた。この土地を4000ドルで売ってしまった。

この土地を手に入れた人物はその後、世界一の大金持ちになる。なぜならこの農園には、アーモンドほどの大きさのダイヤモンドがあちこちに散らばっていたからだ。この人物は、わずか4000ドルでこの土地を売ってくれた兄弟の名前を、自分の会社の名前にした。その名を、デビアス、という。農場があった場所、キンバリーはダイヤモンド鉱山となり、一時地球上で最も大きな穴(「ビッグホール」)となった。

農業を営む兄弟は、農業のことしか頭になかった。毎日、土を掘り起こしていても、そこに散らばるダイヤモンドに気づくことはなかった。

あなたの前にも、たくさんのダイヤモンドが落ちているはずである。包括的叡智を持ち始めれば、それは見えるようになるのだ。

「すると、どうなる？」で考えてみる

大学時代、私は経済学を勉強する機会があった。振り返れば、まさにこれが包括的叡智への気づきとなった。私が学んだ経済学は、結局のところ、一つの質問に集約された。

「すると、どうなる？」

これぞ、包括的叡智の始まりではないか。

例えば、中央銀行が金利を引き上げる。

「すると、どうなる？」　会社はお金を借りるコストが高まる。

「すると、どうなる？」　これまでお金を借りて行っていたプロジェクトは金利が安ければ採算がとれたが、金利が高くなると採算が合わなくなる。

「すると、どうなる？」　プロジェクトを断念してしまう。

「すると、どうなる?」プロジェクトで働くために雇うはずだった人たちは、雇われなくなる。失業率は高まる。

「すると、どうなる?」持っているお金が減るから、いろんな買い物を控えるようになる。

「すると、どうなる?」企業の売り上げが減る。


金利を引き上げるという一つのアクションで、失業率が高まったり、企業の業績が悪化したりすることがすぐにわかるのである。

あらゆる場面で、こうした現象は起きている。


高校を中退することを考えている。

「すると、どうなる?」大学へ行けなくなる。

「すると、どうなる?」希望する多くの就職の道が閉ざされてしまう。


環境問題について、短絡的な解決策を打ち出している人は少なくない。

みんな電気自動車に切り替えるとする。

「すると、どうなる?」　たくさん電池を作らなければならない。

「すると、どうなる?」　たくさんの鉱山を掘らなければならない。

「すると、どうなる?」　鉱山を掘るのに、たくさんの重機が使われる。重機はガソリンやディーゼル燃料で動く。

「すると、どうなる?」　たくさんの石油を燃やすので、二酸化炭素が増える。

それだけではない。

鉱山のまわりの環境が破壊される。児童労働も増える。電池の廃棄物も出る。

そもそも電気自動車で電気を使うとなれば、発電所はフル活動することになる。世界の発電所のほとんどは火力発電所である。より多くの石油や石炭を燃やすことになる。

実際には、電気自動車を買って運転し始め、ガソリンの自動車よりも二酸化炭素の排出量が低くなるのは10万キロ以上を走ってからである。その事実をわかっている人がどのくらいいるだろうか。

すべてはシステムであり、すべてはつながっている。包括的叡智以外では、私たちは解決してはいけない問題がたくさんあるのである。

もし、人間に儀式的なものがなかったなら

もうおわかりだろう。包括的叡智のためには、2つの道具箱が必要である。客観的な道具箱と主観的な道具箱だ。そして主観的な道具箱において、重要な位置づけとなる一つが宗教なのである。科学だけでは答えられない質問に、宗教は答えてくれる。

だが、それだけではない。宗教がなくてはならない、もう一つの理由がある。それが、儀式だ。

私は多くの経営者と、イスラエルを旅したことがある。そこは、ユダヤ教、キリスト教、イスラム教、バハイ教、ドゥルーズ教などの聖地である。旅していると、宗教というものについて、いろんなことを考えることができた。

そこで私は、経営者たちに問いかけた。

「無宗教の人もいるかもしれない。宗教は嫌いだという人もいるかもしれない。しかし、もしあなたの生活から宗教というものをすべて排除したらどうなるか、考えてみ

てほしい」

あなたも、このことを真剣に考えてみてほしい。

まず、結婚式はなくなるだろう。葬儀もなくなるだろう。クリスマスの祝いもなくなる。お正月のお祝いもない。バレンタインデーもないし、誕生日のお祝いもない。儀式じみたものは、すべてなくしてしまわなければいけなくなる。

だが、その儀式じみたことをすべて生活から排除したとき、あなたの人生には何が残るだろうか。あなたの人生は豊かになるだろうか。あなたの人生は、日々彩られるだろうか。


実は、こうした儀式じみたものこそ、私たちの人生に意味と意義を与えているのではないだろうか。

宗教は好きではない、という人もいる。今の儀式じみたものは気に入らない、という人もいる。自分には合わない、という人もいる。だったら、より素晴らしい、より美しい、より有意義な儀式を作ってみてはどうだろうか。

アメリカの歴史小説家に、ジェームス・ミッチェナーという人がいる。日本でいえば、吉川英治のような存在だ。彼があるとき、ヒッピーたちについて小説を書いた。完全に自分の社会とのつながりを断ち切ってしまった若者たちの話である。

その中に、こんな一節があった。

「この若い人たちは、どういう儀式で、自分の仲間を葬るのだろうか」

今の社会が気に入らないからと、簡単にすべてを断ち切ることはできない。葬儀もやめよう、といって、自分の大切な人が亡くなったとき、そのあたりにほっぽり出してしまっていいのか。

儀式は私たちの人生のそれぞれの季節、それぞれの時を刻んでくれる。私も子どもの頃を振り返ると、家族と過ごしたクリスマスや正月をよく覚えている。思い出のほとんどは、実は儀式に関わるものばかりだったりするのだ。

だから、私は思う。人間である以上は、儀式は絶対に必要なものだと。それはつまり、宗教が必要だということである。

充実した人生を生きるために何が必要なのか、しっかり考えなければいけない。

三大宗教は、何を目的としているか

世界の宗教は、面白いことに3カ所にしか芽生えていない。一つはレバント地域。これは、パレスチナからイラクまでの地域である。そして残るは、インド、中国の3つである。

大学生のとき、世界宗教を勉強する機会があった。通っていた大学は宗教の学習で有名で、なんとも恵まれたことに、最初の世界宗教のクラスで、学長自らが教団に立つことになった。

最初の講義の日、学長が教室に入ってきて放った言葉を、私は一生、忘れることができない。

「このクラスの成績のほとんどは期末試験で決まる。その期末試験の成績の3分の1は、最初の質問で決まる。その最初の質問は今日、ここで教える」

これから4カ月かけて、その答えを見出せばいい。クラスの仲間たちは、「やった！」

と思った。早くも質問を教えてもらえるのだ。これは良い成績が取れるに違いない、と思ったのだ。だが、それはとんでもない思い違いだった。学長が出した質問は、途方もないものだった。これである。

「宗教という言葉を定義しなさい」

クラスメートたちは、もちろん文献に当たったが、すぐに気づく。宗教という言葉の定義について統一した意見を持っている学者は、世界で二人といなかったのだ。

こうして4カ月かけて、自分のそれぞれの、自分なりの回答を磨くしかなかった。そして、期末試験に臨んだ。

試験用紙をめくると、約束通りに最初の質問が書かれていた。

「宗教という言葉を定義しなさい」

みんな試験の直前まで必死に暗記していた、自分の回答を書き続けた。ようやく第2問に進むことができた。そこで驚愕した。

「第1問の回答に基づき、ヒンズー教は宗教であるかどうかを論じなさい」

第3問には、こうあった。

「第1問の回答に基づき、禅宗は宗教であるかどうかを論じなさい」
そして第4問。
「第1問の回答に基づき、儒教は宗教であるかどうかを論じなさい」
つまり、完全に宗教について理解していなければ、書けない試験だったのだ。

それから数十年にわたり、私は第1問について深く考え続けてきた。そして、一つの結論に達した。

宗教をめぐる私たちの大きな問題は、複数の現象を一つの言葉で呼んでいるということである。レバント系の宗教とインド系の宗教、中国系の宗教は、その目的自体がまったく違う。

ユダヤ教、キリスト教、イスラム教などレバント系の宗教は、すべて一つの関係性を説いている。自分の外にある「神様」というより崇高な力との関係性を確立することを目的としている。その中心的な行動は、「祈り」である。

しかし、インド系の宗教になると、救ってくれる神などどこにもいない。お釈迦様に祈ったところで、どうにもならない。一つの関係性を説いているのだが、それは自分自身との関係性である。到来した順番は、ヨガ、ヒンズー教、仏教だが、いずれも真我を発見することを目的にしている。だから、外に向けてもしようがないのだ。従って、その中心的な行動は「瞑想」になる。

ちなみに聖書に「瞑想」という言葉は6回しか出てこない。「祈り」は128回出てくる。

では、中国の孔子の教えなどはどうか。説いているのは、神様の関係性でもなく、自分との関係性でもない。社会との関係性を説いているのだ。

主君に対して、親に対して、先祖に対して、自分はどの立ち位置にいて、どういう責任を持っているのかを説明している。したがって、祈らないし、瞑想もしない。その中心的な行動は「奉公」である。親孝行もその一つだ。

これをまとめて宗教と呼んでいるから、たくさんの問題が出てくる。

3つとも必要だと私は考える。私たちには、自分一人の力でできることなど、限られている。一人の知恵でできることも限られている。もし、自分一人の力や知恵に頼って生きるなら、私たちはたちまちのうちに制限された小さな存在になってしまう。私たちは、より崇高な力に頼ることを学ばなければならない。したがって、自分と自分を超える力との関係性を追求することが必要になる。

そして、自分自身とは何者なのか、どういう存在なのか。これを知ることも大切である。

同時に、私たちは社会の中で生活している。社会とどのような関係性を持つのかを知り、それを確立していくことも必要である。

3つあってこそ、包括的な叡智につながる。私たちは、より広い宗教観を持つことが必要だと思う。

第4章

神様の実在は証明することができる

便利なフィクション

宗教については、先でも少し触れたように、人によって、さまざまな見方がある。宗教そのものがあまり好きではないという人も、少なからずいる。そんなものは役に立たない、という判断を持っている人もいる。

ただ、宗教を評価しようとする現代人は、大きな間違いを一つ犯してしまっていることに気づかなければならない。

例えば、天地創造の物語は神話である。宗教の創立者の物語もまた、神話である。だから価値がない、役に立たない、と考えている人が少なくない。そんなものは捨てるべきである、と考えているのだ。しかし、それは完全に間違っている。

もとより、なぜ人間は人間なのか。他の動物との違いは、どこにあるのか。それは、こういうことである。

「人間にはフィクションを信じる力がある」

フィクションとは、作り話であり、虚構であり、神話である。そして、私たちは多くのフィクションを信じている。そのフィクションは、とても便利なものである。それを私は、「便利なフィクション」と呼んでいる。

例えば、あなたはお金の存在を信じている。しかし、お金は実在しているだろうか。そんなことを考えたことが、一度でもあるだろうか。

私はあるとき、国際会議に参加していた。隅っこに寂しそうな一人の老人がいた。グループから外されている人や。寂しくしている人たちがいたら寄り添ってあげなさい、という教えを私は両親から受けていた。そこで、老人に近寄って挨拶をした。

「こんちには。会合を楽しんでいますか?」

何気ない日常会話をしばらく交わしていると、老人は自分の時計を眺めてこう言った。

「そろそろ基調講演が始まりますね」

「そうですね、では、この後の時間も楽しくお過ごしください」

「ありがとう」

そして基調講演が始まって、私は驚いた。壇上には、その老人が立っていたからである。彼は、ＶＩＳＡカード創立者のディー・ホック。基調講演の講演者だったのだ。

この出会いにより、私はディーからお金の本質を学ぶ機会をもらうことができた。ディーは、「現代のお金」を作った偉人の一人と言える。

そしてディーが私に教えてくれたのは、この一言だった。

「お金は実在しない。だから、いくらでも作れる」

衝撃だったが、これは事実である。


お金は単なる情報でしかないのだ。お金があるとみんなが信じているからお金があるのである。実は、それだけなのである。お金というのはフィクションだが、極めて便利なフィクションなのだ。

フィクションを見下してはならない

同様に、会社も実在しない。会社が本社を置いているビルは実在するが、会社そのものは実在しない。あなたの勤めている会社は何グラムだろうか。

核物理学者だった父から、私は子どもの頃からこう教わって育った。

「質量のないものは、実在しない」

あなたの会社は何色だろうか。どんな形をしているだろうか。会社などというものは、実在しないのだ。便利なフィクションなだけである。

国も実在しない。政府も実在しない。日本の国境線に行くと、そこには何か実在するものがあるのだろうか。まったくない。そこに国境がある、とみんなが言っているから国境があるというだけだ。つまり便利なフィクションなのである。

こうした便利なフィクションは、他にもいくらでもある。しかし、そこで勘違いしないでほしい。価値がないと言っているわけではない。ただ、フィクションの定義に見事にはまっているというわけだ。

お金は実在しない。あなたの貯金は実在しない。あなたの借金も実在しない。みんなが借金があるということを忘れたら、どこにもその借金はない。

経済は実在しない。証券は実在しない。国家は実在しない。政府は実在しない。法律は実在しない。宗教も実在しない。

あなたの飼っている犬は、あなたの宗教に出会うことはできない。どこにもないからである。あるのであれば、犬は出会えるはずだ。しかし、ない。ところが、その宗教があるとみんなが思っているからあるのだ。それだけのことだ。

では、人間はなぜフィクションを信じる力を進化させてきたのか。よくよく考えてみてほしい。この便利なフィクションを、人間はとても大事にしている。それはなぜか。

人間はお金のために必死に戦う。国家のために必死に戦う。宗教のために必死に戦う。会社のために必死に働く。

実在するもののためよりも、実在しないもののために頑張るのだ。

なぜ、そのような能力を発達させ、あまねく全人類に、この力を宿らせてきたのか。

そして便利なフィクションを受け入れ、それを大切にすることで、人間は何ができるようになったのだろう。

それは、知らない人たちと、幅広い協力関係をもてるようになったということにほかならない。

そして、これは、私たち人間性そのものの本質なのだ。


この日本というもののために、一緒に頑張ろう。この会社のために一緒に頑張ろう。同じ宗教の信者なんだから、ここで協力しよう。このお金のために働いてくれ。

では、フィクションがなければ、どうなるか。日本人同士は、どうやって絆を作るのか。私たちは一人ひとりと深く知り合って、信用を蓄積してからでなければ、協力できなくなるのではないか。

しかし、便利なフィクションがあれば、一瞬でつながれる。便利なフィクションであればこそ、私たちは効率よく社会というものを組むことができる。

だから、決してフィクションを侮《あなど》ってはならない。見下してはならない。

そして宗教を無意味だと考えている人は、この事実に気づいていたほうがいい。人間の社会そのものが、フィクションで成立している、ということである。

神様の実在を証明する

さらにもう一歩、足を踏み入れてみよう。宗教を信じないのと同様、神様なんてこの世にはいない、と信じている人がいる。しかし、どうだろうか。これから、神様の実在を、あなたのために証明しよう。

先に意識の謎について触れたが、人間には意識と無意識がある、とは聞いたことがあるだろう。自分の内面を見つめてみたら、意識と無意識があるということは、すぐにおわかりいただけるかと思う。

車を運転していて、ふと気づいたら直近の5分、10分のことがまったく思い出せないという経験をした人は少なくないはずだ。それでは誰が運転していたのか？ 無意識が運転していたのである。

では、意識と無意識で、より大きいのは、どちらだろうか。

容易に想像いただけると思うが、無意識のほうがはるかに大きい。実際、人間の脳は、一瞬の間に、１１００万個の情報を受け付けていると言われている。しかし、自分の意識は、そのうち40から50しか処理できない。これが現実なのだ。

脳科学者によれば、無意識の処理能力は、意識の処理能力の22万倍である。

では、意識でもって、自分の無意識の隅々までを探ることはできるだろうか。答えは、ノーである。一生涯かけてもできない。

セラピストのソファに座り、一生懸命にそれをやろうとする人もいるのだが、見えてくるのは、ほんのひとかけら程度である。

しかし、自分の無意識は、自分にいろんな問題の解決方法を教えてくれたり、いろんなインスピレーションを与えてくれる。車の運転だけではない。無意識は、日常生活のいろいろな場面であなたを助け、サポートしてくれている。

無意識とは、自分の意識をはるかに超える存在であり、一生涯かけてもその深みをすべて探ることはできない。自分の日常にも大きな影響を与え、日々の問題解決についてもインスピレーションを与えてくれる。

ここまで語ると、あなたの思っている無意識と、神学者の説く神様には、どのくらいの差があるのだろう?

あなたは思うかもしれない。神学者は「神は外にある」と言っている、心理学者は「無意識は人間の中にある」と説いているではないか、と。

しかし、深層心理の研究で世界的に知られるスイスの精神科医・心理学者のカール・ユングは、最終的に人間共通の無意識について、「無意識は人間の外にある」と説いている。キリストは、「天国はあなたの内に宿る」と言った。真逆のことを言っているのだ。

ここで注目したいのは、無意識と呼ぼうが、神様と呼ぼうが、自分の意識を超える、はるかに大きな力が世の中にはあり、自分の意識を超えるはるかに大きな力を人間は活用することができるということなのだ。

無能マンでよい

旧約聖書の中に、有名な「モーセの十戒」が記されている。人を殺してはならない、人のものを盗んではならない、など大切な戒律がさまざまに書かれている。

その中で最も大切なものは、もしかしたら、これかもしれない。

「神の名をみだりに唱えてはならない」

多くの人は、これは英語の「God damn it!」(くそ、ちくしょう、なんてこった)を言ってはならないという意味だと勘違いしているが、決してそうではない。神様の名前そのものを口にしてはならないという戒めなのである。

実際、旧約聖書などに神様の名前がヘブライ語で記されているところは、母音がすべて落とされている。読み上げるときに、間違って神様の名前を口から発しないようになっているのだ。

イスラエルでは、現代のユダヤ人が神に触れたいとき、「ハシーム」と言うが、これは「the name」の意味である。本来なら神様の名前を言うところを、神様の名前を口にするのが畏れ多いため、「ハシーム」と言っているのだ。

実際問題、神様の名前、神様の正しい呼び名をめぐって、過去には何とたくさんの戦争が繰り広げられてきたことだろう！

しかし、神様の名前が大事なのではない。それを私たちがどう呼ぶかではなく、私たちは自分というものに勝る力が世の中にあり、それに頼ることができるということをこそ、学ぶべきなのだ。そうすることで、大きな力を発揮できる。

現代の映画は、スーパーヒーローものが多い。代表的なものの一つに、スーパーマンがある。彼はスーパーヒーローだが、私はまったく共鳴できない。スーパーマンは、ビルの上から飛び降りても死なない。弾丸を撃たれても跳ね返す。レントゲンのような透視能力がある。

しかし、私はビルから飛び降りたら死ぬ。銃で撃たれたらそのまま貫通してしまうし、部屋の中のものすらロクに見えないこともある。だから、スーパーマンにはまったく共鳴できない。

そこで、新しいスーパーヒーローを提案する。スーパーマンならぬ、「無能マン」だ。あなたも、「無能マン」なら共鳴できるのではないか。なぜなら、「無能マン」なら、自分もなれそうだと思えるからだ。

しかし、「無能マン」はスーパーヒーローなのだ。だから、「超能力」を持っている。その超能力は、一つの言葉を発する力である。

「頼む!!!」

物事は自分一人の力でやる必要はない。そのことを「無能マン」は知っている。他の人の力を頼ることができるのである。自分のコミュニティに頼ることができる。社会に頼ることができる。神様に頼ることができる。無意識に頼ることができる。

そうすれば、私たちは有限な存在ではなく、無限の存在となる。どんなことでも可能になってしまうのだ。

ほとんどの人が人生で大きな目標、大きな使命を掲げない理由は、自分一人の力でやらなければいけないと思ってしまっているからである。自分一人のお金でやらなければいけない、自分一人のノウハウでやらなければいけないと思い込んでいる。

しかし、本当に世界に必要なことならば、まわりの人たちがみんな力を貸してくれるのだ。多くのリソースを提供してくれる。お金も集まってくる。

3兆円のお金を作るのに、さて、どのくらい時間がかかるか。答えは3日間である。ヒューストンに住む私の従兄弟は、2017年に大きな洪水に見舞われた。自分の家から、泳いで出なければならなくなったのだが、連邦政府が3兆円の救済予算を決めるまでの日数は、たった3日だった。

人間にどうしても必要で、それに誰もが共鳴すれば、いくらでも資源は集まるはずである。

松下幸之助はなぜ、「経営の神様」になったのか

偉人という言葉がある。どのようにしたら偉人になることができるのだろうか。他人事《ひとごと》のように考えている人もいるかもしれないが、私はこの本を読んでいる、すべての人に偉人になっていただきたい。

偉人はどのようにして偉人になるのか。

自分以上の力に頼るのだ。より崇高な力に頼り、より崇高な目的を達成しようとすることで、人は偉人になるのだ。

自分一人の小さな力ではなく、多くの人の力を活かす。神様や天地宇宙の力を活かす。そしてその力を使うことで、より大きな目的を果たす。より人間のために役立つこと、より世界のために役立つ目的に、その力を向ける。それが偉人への道である。

日本で「経営の神様」と呼ばれた松下幸之助は、なぜ偉人となったのか。彼は、素

晴らしい模範を示してくれている。

松下はあるとき、友人から、ある宗教の本部への訪問を誘われた。気持ちは乗らなかった。だが、友人があまりにうるさく誘うので、「人間関係も大事にしなければならない」とこの誘いを受けることにした。

そして松下が訪問したとき、宗教本部では御殿が建設中だった。その工事現場を見て、松下は驚くことになる。

「なんと素晴らしい現場だろう」

なぜなら、その工事現場には、ゴミが一つも落ちていなかったからである。ご存じの方は少ないかもしれないが、ゴミが落ちていない工事現場など、あろうはずもない。

「我々の会社は、社員としてしっかり人を雇用して工場を運営している。しかし、ここまでの整理整頓はできていない」

松下が驚いたもう一つのことは、工事現場で働いていた人たちが、みなボランティアだったことだ。お金をもらっていないのに、工事現場がこの状態というのは、どういうことなのか。ここで松下は、一つの大きな気づきを得るのである。

経営という言葉が、実はビジネスとは関係がないことは意外に知られていない。経営は「経過」を「営む」と書く。したがって、会社だけでなく、家族の経過を営むのも経営、政府が国の経過を営むのも経営であり、宗教本部の営みもまた経営なのだ。

松下の気づきは、こういうことだった。

「なぜ宗教には、こんなすごいことができるのか。それは、人の魂を救う偉大な使命を持っているからではないか。彼らは、大業に挑んでいる。では、自分たちがやっていることは、どうなのか」

人は物的な必要性を満たしてからでなければ、精神的な側面に目を向けることは難しい。ならば、電気製品という物的な必要性を単なる事業と見るのはやめよう。これは企業や事業ではなく、大業ではないか。

松下はそう考えた。

そして、全社会をよくする、共存共栄を図るという、より崇高な目的に力を向けた。そうすることで、事業に成功し、会社は大きくなり、松下は偉人になった。

あなたも、松下と同じプロセスを踏めばいい。この気づきは、偉人への道の第一歩となる。

第5章

神の数学、悪魔の数学

責任感が諸悪の根源である

では続いて、宗教が多くの人の日常生活に何をもたらしているのか、知られざる姿をご紹介していきたいと思う。

その前に、衝撃的な話を語ることにする。これを言われると、大きな衝撃を受ける人は多いに違いない。

「責任感が諸悪の根源である」

私たちは、責任感がとても素晴らしいものであると教わってきた。「あの人は無責任だ」というのは、最大の侮辱の言葉の一つであり、「あの人は責任感がある」というのは、最大の褒め言葉の一つにもなっている。

しかし、この道徳観念について、その本当の姿を見ていこう。ささやかな「数学」

を使って。

あなたは借金を抱えているとする。友達から5万円を借りた。そして、あなたはその5万円を返した。

道徳的観点からすると、これはプラスなのか、それともマイナスなのか。それともゼロなのか。

じっくり考えてみてほしい。この質問の答えは、これからの私たちの旅に大きな影響を与えるものであるからだ。

プラスか、マイナスか。

これは「ゼロ」である。

自分の借金を返すことで、自分の責任を果たしたが、それは道徳的に優れているということにはならない。あなたは自分に要求されたことをやったまでのことで、やらなければならない義務を果たしたまでである。

一方で、自分の借金を返すことで、道徳的に卑劣だということにもならない。てんびんのバランスは取れている。借金を返し、義務を果たしたので、ゼロだ。

では、あなたはその借金を返さなかったとしよう。友達を困らせたまま、あなたは逃げてしまう。

これは、道徳的にプラスか、マイナスか。

マイナスである。

あなたは義務を果たさなかった。約束を破った。自分のものではないものを奪い、友達にも迷惑をかけた。だから、マイナスである。

私はこれを「悪魔の数学」と呼んでいる。

考えてみてほしい。これが私たちの人間関係の性質だとするならば、マイナスはあっても、プラスは発生し得ないのだ。

私たちの人間関係が義務感、責任感、借金の概念に基づいて営まれているとすれば、その関係は最初から最後までゼロかマイナスなのである。実態は、奴隷関係なのだ。

責任感は、やがて憎しみを生む

そんなことはない、と思われるかもしれない。

ではここで、恋愛をしているカップルを想定してみよう。クリスマスの時期が近づいてきた。彼氏は彼女をクリスマスイブのディナーに連れて行くはずだ。彼の責任であり、彼の義務である。そして、彼女はこう叫ぶ。「私を幸せにするのは彼の仕事だ。彼の責任だ」。

こうして彼氏は彼女をデートに連れていく。

これは、プラスか、マイナスか。ゼロか。

ゼロだ。

余計な点数はつかない。彼女にとって、ディナーは特別に扱われたと思えるものではない。特別に感謝も満足も感じない。なぜなら、彼氏は未来の義務を果たしただけだからだ。

もう一つ、想像してみよう。クリスマスのディナーに連れていくのは彼氏の義務だが、彼はその選択をしなかった。仕事に疲れ、その夜は一人で過ごすことにした。プラスか、マイナスか。それともゼロか。

当然、マイナスとなる。

そして、そのことがお互いの関係における第三次世界大戦の勃発となる。お互いはお互いを幸せにしなかったことについて責め合う。相手に罪悪感を持たせようとする。相手を強制しようとする。

自分の義務だから、責任だからということで、相手のためにいろんなことをやってあげる。愛からでなく、喜びからでなく、自分がやりたいからでなく、自分の責任を果たすためにやる。そうしないと罪悪感が生まれる。

そんな責任感が生み出す結果とは、どのようなものだろうか。

「悪魔の数学」

そして、あなたのやることがすべて当たり前になると、やらなければあなたはマイナスのレッテルを貼られる。

やがてあなたは憎しみを抱くだろう。責任感だけで行動し続けると、自分に銃が向けられて強制されているように、あなたは相手を憎むようになるのだ。

これこそが、「悪魔の数学」の意味である。

強制と罪悪感、暴力と責任感は、悪魔が世界に憎しみをもたらすために使っている道具なのだ。

本当の悲劇を目撃したければ、愛しているからという気持ちではなく、責任感と義務感で子どもを育てている親を見ればいい。

キリスト教が引き起こした革命、「愛」

そこで、私たちは責任感を、方程式から除外したと考えてみよう。

彼女を幸せにするのは、彼氏の責任ではない。義務でもない。彼はそもそも赤の他人である。独立した人間なのだ。

彼氏自身にも望みはある。彼女の召使いとして彼女の人生にやってきたのではなく、ギフトとして彼女の人生に現れたのだ。

そしてクリスマスイブに、彼は彼女をディナーに連れていかない。

これは、プラスか、マイナスか。ゼロか。

ゼロである。

彼氏には、彼女をディナーに連れていく責任はそもそもない。

著者の私が、あなたをクリスマスのディナーに連れていかなかったら、あなたは怒るだろうか。怒らないだろう。あなたは私にそういう責任があると思っていないから、あなたはそれをなんとも思わない。

ところが彼氏は、彼女をディナーに連れていくとする。彼女をディナーに連れていきたい。彼女にディナーをご馳走したくなったのだ。

これは、プラスか、マイナスか。ゼロか。

プラスである。

なぜならこれこそが、愛の表現だからだ。彼女にとっては、要求されてもいないこと、求められてもいないことをやってくれたのだ。

彼氏は、彼女がディナーに連れていきたい、という気持ちだけで彼女をディナーに連れていったのである。

そう、相手をコントロールしたいという気持ちをなくすことで、すべては変わる。

自分に置き換えてみてほしい。

あなたが責任感も義務感もなく、ただやってあげたいという気持ちで相手のためにいろんなことをやってあげているとしよう。どういう結果になるだろうか。

それが、愛である。

これこそが、「神の数学」なのだ。「神の数学」では、プラスが可能になるのだ。マイナスは入り込む隙間がないのである。


義務感や責任感ではなく、自由意志で他の人に仕える。これこそが、神様がこの世界に愛をもたらすために使っている道具なのである。愛であり、ギフト。そしてこれこそ、キリスト教が引き起こした哲学的革命だったのだ。

そのときまでの宗教は、すべてカルマ宗教だった。教典は、すべて過去の業や応報による義務や責任感を語っていた。罪の代償は自分で払わなければならなかった。善いことをしても、それは罪滅ぼしにしかならなかった。

キリスト教が登場するまでのすべての宗教の経典は、責任感をひとしきり語っていた。彼らは無限と我々の関係をカルマに対しての借金として説明していたのである。私たちは罪人だった。私たちのいたらない努力によって、神との関係において負債を負っている身となってしまっていた。

私たちはその罪滅ぼしのために血による犠牲を捧げたり、善い行いをしなければならなかった。借金を返済しようと必死だった。しかし、金利は高く、なかなかその借金を返済させることができない。神様は単なる高利貸しにされてしまったのだ。

そこに、イエス・キリストがやってきて言った。「神様は一方的にあなたの借金を許す」と。これが、キリスト教なのだ。

負債が許されてしまえば、どうなるか。私たちは責任から解放される。

あなたが責任を負っているから行われた善い行いは、あなたの救いに対して、何の足しにもならない。もう負債は許されている。そうなってこそ初めて愛が可能になった。

自分の罪滅ぼしではなく、神様とのてんびんのバランスをよくさせるためでもなく、私たちはただそれをしたいがためにそれができるようになった。愛しているからという理由でできる。ギフトだ。愛だ。

プラスだけが可能のしくみ。つまり、「神の数学」である。

スコアカードをつけてはならない

だからこそキリスト教は、愛、慈善活動等をほかよりも積極的に行う。クリスマスのときには、プレゼント、ギフトを与える。そういうのがキリスト教に連想されている。キリスト教だけが、一方的な罪の許しを説いているからだ。

他の宗教は、相互性の原則が支配している。罪人は自らの罪を滅ぼすために、自ら犠牲を捧げなければならない。

キリスト教の本質は、相互性の否定である。一方的な借金の許しなのだ。キリストは主の祈りと呼ばれる祈りの中で、次のように教えている。

「私たちから借りたものを許すように、私たちの負債も許したまえ」

つまり、私たちは他の人との関係において、相互性を実行しなくなれば、神様が私たちの精神的な負債も許してくれる、としている。

さらに聖書の中では、こんな記述がある。

「お金を愛することは諸悪の根源である」

ここで注意しなければならないことは、「お金は諸悪の根源だ」、とは書いていないことである。「お金を愛すること」が諸悪の根源なのだ。

お金そのものは、負債なのである。人間関係における、相互性の必要性の主張。お金というのはつまり、自分は何を社会に与え、何を他人からもらったのかのスコアカードというものだ。

このスコアカードを常に追求し、それを好むことこそ、諸悪の根源なのだ。「悪魔の数学」そのものである。道徳的マイナスは可能だが、プラスは決して発生し得ない。

ほとんどの哲学者は、相互性は道徳の土台であると教えている。しかし、これは間違っている。相互性は、貿易の土台である。商売の土台なのだ。

相互性の原則は、すべての人間関係を単なる取引に変えてしまう。そこには、ギフトという考え方が入る余地はない。愛の隙間はない。道徳が入り込むスペースはない。

聖書における最も古い物語を紹介しよう。それは、この真実を見事に物語っている。

最初の人間であるアダムとイブには、二人の息子がいた。カインとアベルである。二人は神様に犠牲を捧げるよう、要求された。そして、二人とも要求された通りにした。しかし、カインは恨みを持ちながら犠牲を捧げた。どうしてこんなことをしなければいけないのか、どうしてこんなことを要求されるのか、と。

一方のアベルは、喜んで犠牲を捧げた。

神様は、カインの犠牲を拒否した。神が、愛そのものだからである。恨みは愛の反対なのだ。そして犠牲とは、一方的に何かを差し上げるという意味である。そこには、責任も義務もない。スコアカードもない。

カインは自分が要求された犠牲を恨み、自分の捧げ物が神様に拒否されたことを恨んで、その恨みのあまり、自分の兄弟のアベルを殺してその財産を盗んだ。これが、殺人の始まりである。

人間関係における道徳の秘訣は、どちらもスコアカードをつけないことにあるのだ。義務と責任感を忘れることだ。

私たちが教わってきた「誰かが私たちのために何かをしたら、それを返さないと私たちは悪い人になる」を忘れるのだ。返してしまったら、どちらもいい人にはなれない。これは、単なる取引なのだ。

「何かをしてあげたのだから、何かを返してもらわないといけない」と考えてはならない。それでは、いつまで経ってもプラスは生まれない。愛の行動は感じられない。

「どうしてこんなに会社に尽くしているのに」などと考えてはならないのだ。

私たちはスコアカードをつけてはならない。勘定をつけてはならない。損得で考えてはならない。キリスト教の説く罪のあがないとはつまり、神様はスコアカードをつけないという約束なのだ。

他人との関係においても、そうであるべきである。

ゲシュタルト・セラピーの生みの親、フリッツ・パールズが、「ゲシュタルトの祈り」の中で、これを優雅に表現している。私が最初に教わったバージョンは、これである。

私は私である。あなたはあなたである。

私がこの世の中に生きているのは、あなたの期待に応えるためなどではない。

そして、あなたがこの地球に生きているのは、私の期待に応えるためでもない。

私は私であり、あなたはあなたである。

そして、私たちはたまたま会えば、それは美しい。

さもなければ、それはやむを得ないことである。


これらの言葉を正しく理解することは、すべての精神病を癒すこととなる。

ここで理解しなければならないことは一つ。私があなたにギフトを差し上げることは、あなたに負債を負わせることではない。それは返すべき借金でもない。それはあなたを所有するための支払い金でもない。単なるギフト、プレゼントだ。そのギフトを私が差し上げ、あなたが受け取ることで、それで終わり。

その後、あなたが私に何かをくれたとしても、それは返済ではない。これは新たなギフト、プレゼントである。また、愛である。自由に差し出し、自由に受け入れる。プラス、足す、プラス、足す、プラス。

プラスしか生まれない。それが「神の数学」である。

奴隷制度はなぜ生まれ、なぜなくなったか

社会はなぜ、義務と責任感を植え付けてきたのか。そこには一つの理由がある。奴隷が必要だと思ってしまったからである。

人間の歴史が進んでいくと、困ったことが起きた。誰もやりたがらない仕事が出てきたのである。日本でよく言われるところの3K「キツイ、汚い、危険な仕事」というもの。誰もやりたがらないことを、どうやって、やってもらうのか。

昔の人間が考えたのは、強制だった。強制を可能にするのは、2種類しかない。身体に対する暴力と、精神に対する暴力である。

身体に対する暴力は、バイオレンスだ。ムチを持ち、銃を相手に向ける。言う通りにしろ。こうして奴隷が生まれた。

精神の暴力とは何かというと、罪悪感を抱かせることである。これをやらなければ、あなたは地獄に行く。これをやらないあなたは悪い人である。

いずれにしても相手を操り、強制して、やってほしいことをやらせるための暴力だ。ちなみに私の座右の銘はこれである。

「私は奴隷にならない。私は奴隷を持たない」

責任感を抱いてもらうことは、社会があなたを奴隷にするための一つの方法なのである。あなたはそれを受け入れないと、社会は簡単に次の方法に訴えるだろう。バイオレンスは遠く離れたところにあるわけではない。

実は人類の歴史では、ずっと奴隷制度があった。驚くべきことに、つい最近まであったのだ。オマーンで奴隷制度が廃止されたのは、1970年のことである。ほんの50年ほど前なのだ。

東アフリカから貿易としての奴隷が廃止になったのは、1913年である。ちょうど110年前。そして、その解放に奔走したのは、実は白人たちだった。

アフリカの奴隷たちを奴隷にしたのは白人ではない。黒人たちである。アフリカの黒人が、アフリカの黒人を奴隷にしたのだ。したがって、間違っても人種差別の話などではない。力関係の問題だったのだ。

自由意思を大切にするプロテスタント思想

アフリカで最も数多くの奴隷を作り出したのは、マサイ族である。彼らはとても強かった。他の部族を襲い、その人たちを奴隷船が待つ海岸まで連れて行って奴隷として売り飛ばしていった。力があるから相手を強制し、やってもらいたいことをやってもらったのだ。

アフリカにおいて、白人たちは奴隷を買ってはいたが、奴隷を作っていたわけではない。

奴隷解放のために戦ったのは、すべて白人たちだった。もちろん、奴隷たちが自分で自分の鎖を振り払うために戦いに挑んだという歴史もたくさんあるが、奴隷制度そのものの廃止のために奮闘したのは、イギリス人とアメリカ人だけなのである。

なぜか。キリスト教のプロテスタント派が広がっていたからである。プロテスタント派の教義の中で、面白いものがある。

前世、私たちみんなが地球に来る前に、天において大会議が開かれた。そこで神様はまず人間に「自由意志」を与えたのだ。神様からの最初のギフトはこれだった。

これを宗教観念として信じていれば、他の人の自由意志を奪うことはつらい。奴隷制度を正当化させることはかなり難しい。

カルマの宗教では、奴隷制度は正当化しやすい。この人はきっと前世で悪いことをしたからこうなっているのだ、という説明がつく。

しかし、実はこれだけでは奴隷制度の廃止にはならなかった。もう一つ、哲学的な革命が必要だった。それが、「自由資本主義」だったのである。

自由資本主義とプロテスタント思想の重なったところは栄える

経済的には、必要な仕事がすべて行われないと、社会としては恐怖に陥る。だから、やはり強制するしか方法はないのではないか、という気持ちになるわけだ。そこで登場したのが、アダム・スミスの『国富論』だった。

アダム・スミスは「見えざる手」を説明し始めた。何も心配はいらない。汚い仕事でも、キツイ仕事でも、危険な仕事でも、誰もやらないとなると価格が上がる。十分に価格が上がれば、誰かがそれをやってくれるに違いない。

そういう仕事を自動化し始める人も出てくるに違いない。効率を高めるための研究も進むに違いない。だから、心配はいらない、と。

こうして、プロテスタント教の宗教観と自由民主主義が重なったイギリスとアメリカで、奴隷制度の維持は望ましいものではなくなり、不可能になったのだ。白人たちは命を張って奴隷制度の廃止のために戦った。

ザンジバルの旧奴隷市場の隣に教会堂がある。その中に祀《まつ》られている聖人君子は、リヴィングストン博士である。奴隷廃止のために戦って命を捧げた白人だ。

このエピソードが教えてくれるのは、私たちがどんな宗教観、どんな哲学感を持つかによって、社会の形が丸ごと変わってしまうということである。

プロテスタント教は、日本人には遠い存在、と思っている人も多いかもしれないが、日本人はみなプロテスタントだと私は感じている。

日本では、人間はみな平等に作られた、と思っている人ばかりである。自由意志で自分の人生が選べる権利があると思っている人ばかりである。

まさにプロテスタント教の発想ではないか。そして西暦というキリストの暦をカレンダーに使っている。世界のほとんどの国が彼の誕生した瞬間を基軸として、今日という日を測っているのである。

第二次世界大戦後のＧＨＱの働きもあって、現代の日本人は基本的な哲学としては、かなりプロテスタント教の考え方になっているといえよう。

そして、知っておいてほしいことがある。自由資本主義とプロテスタント教の教えが重なったところは、すべて国として栄えているということだ。例外はない。その度合いが高ければ高いほど、栄える。

中国はＧＤＰ世界第2位の国になったが、一人当たり年間ＧＤＰはまだまだ低いままである。プロテスタント教の象徴的なものは、自由意志、人間は平等であるということ。さて、中国の自由意志、平等はどうだろう。これ以上の発展が、さて待っているかどうか。

インドは両方において遅れた。だから、ずっと貧困国だった。カースト制のもとでは、人間は平等にはならない。自由意志もない。

日本にもかつてはカースト制的なものがあった。動物を殺す仕事は誰もやりたがらなかったので、それを委ねられた人たちがいた。差別もされた。江戸時代までは、厳しい農業をさせられていた人たちもいた。名前すら持てない。しかも自分の作った米は自分のものではなかった。年貢が強いられた。自分が作った生産物が自分のものではない。これは奴隷の定義である。

しかし、その後日本の意思は変わった。だから、国が栄えた。

もう一つ、面白い話をしておこう。今、毎日の生活は、いろいろなものに支えられている。素晴らしい発明、発見があって、あなたの生活は成り立ち、彩られている。電球、自動車、電子レンジ、コンピュータ、スマートフォン……。こうして、あなたの生活を豊かにしているもので、共産主義国家で発明されたものを一つでも言ってみてほしい。ないのである。まったくのナッシング！

発明や発見は、自由に発想できて初めて生まれるのだ。だが、共産主義の基本は、強制力をもって人の財産を奪うことである。だから、共産主義者はお金が大事だと思っている。お金を奪って采配すれば問題は解決できると思い込んでいる。滑稽なほどに。だが、これは笑い事ではない。なぜ、日本はどんどん貧乏な国になっているのか。政府がやろうとしていることを、もっとしっかり見たほうがいい。政府の無駄遣いまでＧＤＰに組み込まれている現実を直視したほうがいい。国がとんでもない額の借金を背負っていることも。

今の日本の危うさを、しっかりと認識しておいたほうがいい。

第6章

エゴがあなたを人質にしている

禁じられたおまじない、「私」

経済的に豊かになる国が、世界で続々と現れている。ところが、一方で苦しみから逃れられない人たちもたくさんいる。豊かになったのに、精神的な苦しみが、かつてよりも大きくなってしまっている人たちもいる。次は、その理由について、語ろう。

はるか大昔、魔法使いが陰から出てきて、禁じられたおまじないを発してしまった。

それは、この一文字だった。

「私」

そして、轟《とどろ》く稲妻のような音が現実を切り裂いた。事の起源から初めて、リアリティは2つに分裂した。「私」と、それ以外である。

そのときまでは、すべてが「万物一物」だった。無限で境界線もなかった。始めもなければ、終わりもなかった。あるものと「他」のものを分ける魔法のラベルなどはなかったのだ。しかし、そこに亀裂が生じた。

万物は2つに分かれ、乖離《かいり》した。「私」＝「自」は孤独になった。そして「他」を見た。「他」は大きかった。「他」は、万物をまだ包含していたからである。そして、「自」は小さかった。だから、耐えられない劣等感を感じた。「自」は自覚を覚え、より大きなものになりたいと願った。ほんの一瞬の出来事だった。

魔法使いは万物一物に戻せばよかった。そうすれば、問題はすべてそこで解決した。だが、まじないを発し始めるとやめづらい。映画「アラジン」でもわかるようにジーニーは、簡単には瓶に収まってくれないのだ。

それどころか魔法使いは、この暗い実験を先へと進め、次の禁じられたまじないを発してしまったのである。

「私の」

この「所有しよう」とする一行為に、「私」は取り憑《つ》かれた。私はもっと「私の」を持つことができれば、もっと大きな「自」になれるかもしれない。もっと「自」は大きくなれる。「他」と比べて、こんな取るに足らないものではないはずだ……。

こうして、いろんなものに「私の」という言葉をつけようとした。それは「自」ではないものを見つけ、所有することによって「自」の一部にしようとするプロセスである。東洋においては、このプロセスは「執着」と呼ばれる。英語では、attachment（アタッチメント）。何かを「自」に取り付けて、それで「自」をより大きく見せようとすることだ。

エゴの始まりである。

エゴを拡張させようとするプロセスは、Identification（アイデンティフィケーション）と呼ばれるようになった。

魔法使いは、こう叫んだ。


「私の身体」

皮膚の中にある物質のすべてが一瞬にして「自」に見え始めた。「自」は少しだけ大きくなり、重要になったように思えた。しかし、その瞬間に魔法使いは大きな恐怖に取り憑かれた。

「私の」をなくしてしまえば、「私」は小さくなってしまうのではないか。「私の」がなければ、「私」は失われてしまうのではないか。

生まれたのは、大きな恐怖だった。喪失の恐怖、死に対する恐怖。

身体とアイデンティフィケーションを行ったことで、身体が何にも増して重要なものに見えるようになった。身体を保たなければいけない。それを持つことは存在する唯一の理由に思えた。

エゴは人間まで所有しようとした

魔法使いは身体の中をさまよった。自分は本来、何者なのかを完全に忘れてしまった。そしてこう叫んだ。

「私はこの身体である」

身体に対するどんな小さな危険でも、大きな苦しみの元になった。しかし、それでもこの身体は「私の」ものにしかなれない。

だが、「他」を見ると、大きい。この「自」以外のすべてのものが大きいのだ。「自」は小さい。魔法使いは繰り返し、まじないを発した。

「私の」「私の」「私の」「私の」「私の」「私の」……。

「私の服装」

私は良い洋服を持っている。デザイナーズブランドの洋服である。高い洋服だ。立派な洋服である。あなたの服装は立派ではない。だから、私はあなたに勝る。

エゴが必死に自分を大きく見せようとした。より意味のあるもののように見せようとした。より優れたもののように見せようとした。

しかし、やはり何も変わっていない。「自」はまったく改善されていない。「自」はまだ小さい。「他」は大きい。魔法使いは繰り返し、まじないを発した。

「私のバッグ」

私は美しいバッグを持っている。今シーズンの限定版である。あなたはまだ2年前の古いバッグをぶらさげている。私はトレンドに乗っている。あなたより、ファッショナブルである。私はもっと裕福である。私はもっとみんなに受け入れられるはずだ。だから、私はあなたに勝っているに違いない。

エゴは自分の優秀さをさらに主張した。だが、まだ「自」は小さい。「他」は大きい。

もっと大きなもの、もっと立派なものを所有すればいい。これが答えに違いない。

「私の」「私の」「私の」「私の」「私の」「私の」……。

「私の車」

私はリムジンを持っている。あなたは古いポンコツ車に乗っている。それで私はあなたに勝るに違いない。

「私の家」

私は立派な豪邸に住んでいる。あなたは小屋のような家に住んでいる。だから、私は別の何かになれる。

しかし、まだ「自」は小さい。「他」は大きい。


エゴは人間まで所有しようとした。

「私の妻」

私には美しい妻がいる。私のものだ。あなたは、誰も一緒になりたがらなかったような女性を妻にしている。これで私はあなたに勝っているに違いない。

「私の子どもたち」

私には立派な子どもたちがいる。ちゃんと振る舞える。学校で優秀な成績をとっている。成功している。あなたよりも、私は立派なのではないか。

「私の奴隷たち」

私の畑では、50人もの人が働いている。私の工場では100人が働いている。私のほうが立派だ。

しかしまだ、「自」は小さく、「他」は大きかった。

エゴが、戦争、殺人、奴隷制度を生み出した

もっと、もっと、もっと。

魔法使いは、完全に精神異常を起こしていた。それをもたらしたのは、「私の」。所有物への執着である。

「自」は見えなくなった。アイデンティフィケーションの結果は、所有だけを望むようになった。

ある男は、火事で燃えてしまった家の灰の中にはいつくばって叫んだ。

「私は全滅だ」

子どもを事故で亡くしてしまった女性は叫んだ。

「私の人生は終わりだ」

仕事をなくした青年が言い出した。

「私には、生きる目的がもうない」

しかし、それでも「自」は小さい。「他」は大きい。

どうすればいいのか。モノを所有することで問題は解決されないなら、「マインド」、頭の中のアイディアや概念に目を向ければいい。

魔法使いは、「マインド」とのアイデンティフィケーションのプロセスを開始した。

「私の計画」
「私のアイデア」
「私のストーリー」
「私の記憶」

私はあなたよりいい計画を持っている。私のアイデアはあなたのアイデアに勝る。あなたの物語はバカげている。私の物語を聞け。私には素敵な思い出がある。あなたの思い出は、私の思い出と比べるとつまらない。

魔法使いは、「マインド」のすべてにアイデンティフィケーションをした。

しかし、まだ「自」は小さい。「他」は大きい。

もっと大きなものを所有することが答えになるに違いない。

「私の人種」

私は優れた人種に属している。あなたは、どうでもいい人種に属している。それで私はあなたに勝る。私はあなたを奴隷にしても差し支えはない。あなたに屈辱を与えても問題はない。あなたを殺したってかまわない。

「私の国」

私には素晴らしい国がある。あなたには、どうでもいい小さな国しかない。だから、私はあなたに勝っている。私はあなたを奴隷にしても差し支えはない。あなたに屈辱を与えても問題はない。あなたを殺したってかまわない。

私はあなたを殺し、あなたを何者でもなくす。そうしたら、私は何かになれるかもしれない。私がずっと求めている自己受容感を得られるのではないか。有意義に感じられるのではないか……。

こうして戦争、殺人、奴隷制度が生まれた。エゴと精神異常の現れとして、自然な結果だった。

「私の宗教」

きっと私の宗教は真の宗教であり、私たちは真の信者だ。私たちは真の神様の真の名前を知っている。

「真の」という言葉ほど、悪に満ち、危険なものはない。これは、精神異常を起こしたエゴの道具である。その先には、殺人と戦争がやはり潜んでいた。

第6章

エゴがあなたを人質にしている

エゴが生み出す恐怖

エゴは人をおかしくした。人種はあなたのものではない。あなたが作ったのでもない。属することで、あなたが特別な人になるのでもない。皮膚の色で、あなたが何者であるのかは、まったく変わることはない。

国はあなたのものではない。あなたは国のすべてを知らない。そもそも土地と空を所有することなどできない。

宗教はあなたのものではない。どのように生きるべきかというアイデアの集合体でしかない。道を信じることは道を歩むことではない。知ることは、なることではない。宗教をどうやって所有するのか。

これほどまでに敵を作り、瞬間的に優越感を覚えていても、何も変わっていなかった。「自」は小さかった。「他」は大きかった。

所有すること、執着すること、相手を奴隷にすること、相手を低く見せようとすること。このアイデンティフィケーションのプロセスのすべてが、エゴだった。何になるのかの代わりに、何を所有するか、何を持つかに代替させようとしただけである。それはすなわち、エゴを大きくしようとする努力である。実際になることもなく、何かになっていると見せかけようとするプロセスである。

そして人間は最後に愚かな言葉を発した。

「Oh my God」

最後の「私の」まじないで、魔法使いは万物の創造主を、すべての物事の起源までをも所有しようとした。

それでもまだ「自」は小さかった。「他」は大きかった。

エゴは何をもたらすのか。

まず起こるのは、変化に対する抵抗である。エゴが生活を乗っ取るときには、変化する力をなくしてしまう。小さなルーティンの変化、習慣の変化、仕事の立場の変化、引っ越し……。こうしたもののすべてが、抵抗しなければならない脅威に見える。なぜか。

過去を手放すためには、自分の今までが間違っていたということを認めなければならないからだ。

そして、安定を失ってしまう。安定は、エゴが必死に追い求めているもの。アイデンティフィケーションは、形に対する執着なのだ。形の定義とは、安定であり、変化に対する抵抗である。

変化するためには、新しい情報、新しい信念が必要となる。しかし、エゴは情熱を持って、そのすべてを拒否する。

新しいアイデアを受け入れたら、私の古いアイデアは間違っていたのではないか、となる。私が間違っていたのであれば、私は優秀ではなかった、超越していなかったということになる。

だから、すべてを拒否しなければならない。私のアイデアはどんなにバカげたものでも、事実に基づいていなくても、私のアイデアなのだ。私からそれを奪ってはならない。

恐怖のすべては、喪失に対する恐怖である。そして究極においては、そのすべては死に対する恐怖である。

アイデンティフィケーションした対象物、執着した対象物は、それが何であれ、それを自分の一部と解釈される。身体であれ、バッグであれ、車であれ、仕事であれ、社会における地位であれ、宗教的な帰属であれ、人種であれ、ジェンダーのアイデンティティであれ、なくすことは、自己の喪失に感じるのだ。そして、自己の喪失は死に感じる。

中毒や強迫症は、執着の究極の表れである。短い時間でもそこから離れることができなくなってしまっている。嘘をついてでも、盗みを行ってでも、場合によっては殺してでも、どうしてもこれを手に入れなければならないと考えてしまう。

私たちが執着している多くのものは、手放すことよりも先に死を選ぶのだ。よく見てみるといい。人は自分のアイデンティティのために平気で死んでいく。私は軍人である。私はアメリカ人である。私はキリスト教徒、イスラム教徒、ヒンズー教徒のメンバーである……。

そのリストは永遠に続く。

エゴは幸福を先延ばししようとする

なかなか幸福感を得られない人がいる、それは、エゴがあなたを人質にしているからだ。エゴは自分の価値を証明するために達成を要求する。あなたは、成功するまで良い気持ちになってはならない。理由もなく幸福を感じてしまったら、エゴは困る。だから、幸福な気持ちになろうとすると、エゴはすぐに抵抗を始める。今、良い気持ちになることを許してしまったら、この人は努力するのをやめるのではないか、と考える。何も達成しないのではないか、と疑う。

しかし、それは真っ赤な嘘である。

2つのシナリオを考えてみよう。一つのシナリオでは、あなたはひどく落ち込んでいる。うつになっている。恐怖に怯えている。疲労しきっている。あなたは、どのくらい物事を達成できるだろうか。

もう一つのシナリオでは、あなたはハッピーである。自信がある。喜びに満ちている。これなら、どのくらい物事を達成できるだろうか。

答えは明白である。

達成するまで良い気持ちを感じられないことは、達成することの妨げになるだけだ。達成しながら良い気持ちを感じることは、さらなる生産性向上、成功へと導かれる。

エゴは常に幸福を将来に置こうとするのだ。

私がチームに選ばれさえすれば。良い成績さえ得られれば。人気者にさえなれれば。失業さえなければ。良い就職さえできれば。昇給さえ得られれば。結婚さえできれば。家さえ持てれば。子どもさえ生まれれば。引退さえできれば……。

どうだろう。エゴはずっと幸福を将来に置こうとすることに気づくだろう。だから、幸福はどういうわけか、今には出てこない。

エゴは優越感を求めるあまり、それを得るために何でもする。その方法の一つは、自分の問題にさえも、アイデンティフィケーションをすることである。

私は、こんな叫びを聞いたことがある。

「私の恐怖症は、他の人の恐怖症とは違う」
「私の恐怖症は、彼らの恐怖症より強い」
「私の恐怖症は、他の人の恐怖症より深刻だ」

つまり、私の問題はあなたの問題に勝る、と言うのである。

問題にアイデンティフィケーションしてしまえば、その問題を手放すどころか、エゴはその問題にまで執着するのだ。問題の大きさすら、競うのである。

私は愛煙家である。私は糖尿病患者である。私は貧乏である。私は中毒者である。私はバカである……。私たちは、自分の問題でさえ、アイデンティティの事実として述べてしまう。自己サボタージュでしかない。

あるいは、問題を所有物とする。私はたばこ中毒を持っている。私は糖尿病を持っている。私はうつ病を持っている。私は問題を持っている。

エゴの構造が、私たちの言葉そのものを作り出している。

エゴは人を凡庸にさせ、想像力を欠如させる。エゴはつまらなく、想像力がない。自分の頭の中に迷い込んできたアイデアに何でもしがみつく。

実際、エゴの強い人は、2、3歳児の凡庸を現す。他の視点が持てない。他のオプションを作れない。物事はこうでなければならない、という選択肢が一つしかない。そして少しでもブレれば、彼らは痛みを覚えて、苦しみを感じて、それに抵抗する。

エゴは、いとも簡単に洗脳、操り、マインドコントロールの対象になる。グループに受け入れてもらうために、グループの考えやアイデアを簡単に受け入れる。最も良いグループ、最も良い国、真の宗教の一員になるために。

私はカルト宗教の中で育った人と働く機会が、何度もあった。カルトとは、宗教に限らない。国家、学校、家族、会社、マスメディア、科学、業界団体など、カルトはさまざまな形をとり、人のマインドをコントロールしているのだ。

洗脳されているかどうかを見分ける鍵は、そのグループに属している人が、みんな同じ答えを持っていることである。

「我が国は世界で最も優れている」「神様の真の名前はこれだ」「これは食べてもいいが、これはいけない」「結婚することは正しく、離婚することは間違い」「救われるために守らないといけないルールは27個ある」「この病気は絶対に治らない」……。

カルト教団のような組織は、社会にはたくさんある。

第6章

エゴがあなたを人質にしている

敵を作ることは、エゴの病的表れの究極版

エゴは自覚を欠如させる。エゴは常に正しくなければならない。自分の言うこと、自分の行うことは、自分が言ったから、自分が行ったから正しい、と思い込んでいる。他の人が見えない。自分の言動が、ほかの人にどんな影響を与えているのか、それが自分にどんなダメージを与えているのかも、見えない。

そしてエゴが「自」を大きくするための一つの手段が、外に脅威を持つことである。敵を作ることで、自分の正しさを示そうとする。「他」が間違っていることを明らかにしようとする。批判できる相手を持つことで、「自」はそれと比較して優れていると主張する。

これは、政治、人種、宗教、学校のライバル、スポーツなどで、人生の多くに現れる現象である。

敵を作ることは、エゴの病的表れの究極版と言える。世界と戦うことで、「自」の優

越を感じる。「他」を完全に破壊しようとする。国家、宗教の名において行われる戦争のすべてが、このエゴの病的な表れである。

エゴはすべてにおいて欠乏状態を作ろうとする。「他」が持つものはすべて、「自」の損失と考えている。「他」がより多く持っていたら、「自」はそれと比較して衰えているように感じてしまう。「他」の成功が自分の劣等感を引き起こす。みんなが幸せになれるだけのものがあるとは考えない。だから、自分は先に取らなければならない、分かち合ってはならないと考えてしまう。競争は成功への道、協力してはならないと思ってしまう。

インドの聖人君子マハリシは、「ＴＭ瞑想法」を作った。ビートルズに瞑想を教えた人物である。彼は、あるとき取材を受けた。記者は論争を作ろうと、落とし穴を作って質問に臨んだ。

「弟子たちといろいろ話していると、あなたはとても大きな財産を持っているようだ。ここで聞いてみたい。いったい、いくら持っているのか」

引っかけ質問である。たくさん持っているといえば、宗教家なのにたくさん持っていると批判される。持っていないといえば、これまでの寄付金はどこにいったのか、と批判される。マハリシは笑って答えた。

「全部だ」

記者は驚いた。

「世界のお金のすべてが世界の銀行に眠って使われる道を待っている。だから、私が全人類のためになるプロジェクトを起案すれば、全世界の銀行にあるお金は、自然にそのプロジェクトに向かって流れ込むのだ」

自分の名前、自分の名義がついているかどうかなどを気にしなければ、全世界のすべてのお金、すべての資源は、有意義な目的を達成するために使われるのだ。そのことを理解しよう。

子どもの未来を邪魔する親のエゴ

エゴは全世界を所有し、コントロールしようとする。ヒットラー、スターリン、毛沢東のような独裁者も、この病的なエゴの極端な表れである。

子どもの親も同じ罠に陥る。自分の子どもをありとあらゆる方法でコントロールしようとする。そして、その結果として、子どもは個を確立することができなくなり、親と離れて自分の道を見つけられなくなる。子どもに執着している親は、子どもが自分の道を見つけるのを邪魔する。子どもたちに何をすべきかを、すべて指示する。子どもの代わりに意志決定をし、子どもの代わりに質問に答えたり、語ったりする。

子どもを通して、自分の人生を生きようとする。子どもを通して自分の価値を感じようとする。自分の人生を見事な美術作品にする代わりに、子どもに犠牲を強いる。

この未熟な親たちは、子どもが完全に成長し切っても、それを続ける。どの仕事に就くのかを指示する。誰と結婚するのかを指示する。どこに住めばいいのかを指示する。人生のいろんな問題に対して、どう対応すればいいのかを指示する。孫たちをどう育てればいいのかを指示する。親としての自分の力は、明らかに足りなかったにもかかわらず。

エゴは精神病である。

精神病は大きく2つに大別される。ノイローゼと人格障害である。ノイローゼの場合は、自分の責任ではないものに対しても責任を取ろうとする。エゴが自分をより大きな存在にしようとしているのだ。

例えば、自分の親が離婚したのは、自分のせいだと考える子どもがいる。もちろん、これは真実ではない。

私が会ったある女性は、自分のお母さんの自殺が自分のせいであると17年間、信じて過ごしていた。そのお母さんが自殺したとき、まだ小さな子どもだった。お母さんは、子どもの前に出てきて、ガソリンを自分にかけて火をつけた、ひどい話である。幼い子どもはノイローゼになった。17年間、母親の自殺は自分のせいだと思い込み、摂食障害を起こしていた。だが、自分のお母さんの死は自分の責任ではなく、お母さんの責任であると認めた瞬間、摂食障害は消えた。

親を救うのは、子どもの仕事ではない。子どもを救うのが、親の仕事である。

ノイローゼの親が子どもの人生の責任を取ろうとするのだ。子どもは自らの人生を、自ら生きなければならない。自分で責任を取らなければならない。自分の道を探さなければならない。

農家は土を準備し、水をやり、注意深く植物を育てようとする。それでも、伸びない種はある。しかし、岩だらけの状態の良くない土に落ちても、伸びてゆく種もある。ほとんど水がなくても、太陽がなくても、栄える花や木がある。子どもも同じなのだ。

人格障害は、ノイローゼの真反対の状態。自分の責任であるのに、責任を取ろうとはしない。悪魔がさせたんだ。犬が私の宿題を食べてしまった。会社がつぶれたのは経済が悪かったからだ……。

これは、自分は完璧であるというイメージを保つためのエゴの表れである。「私のせい」を認めない。他のどこかに「せい」を押しつける。しかし、そんなものは実はどこにもない。エゴの作用が、精神病を生み出している。

エゴは自分の執着、アイデンティフィケーションの対象の喪失を恐れる。過去の思い出、過去の痛み、トラウマに執着してしまう。

重度の精神疾患は、エゴのプロセスに根付いている。エゴは自らを保つために、殺すことも厭わない。自分の起こしている幻覚症状に合わないという理由だけで「他」を殺す。これこそ最も重度な精神疾患であり、最も大きな悪である。

エゴがもたらすのは、味気ないメロドラマ

エゴは最終的に、ほとんどの人が「自分の生活」と呼んでいる味気ないメロドラマを作り出す。このメロドラマは、終わりのないサイクルのように、永遠に繰り返される。

他の人を所有しようとしたり、愛の交換なしに性のパートナーをトロフィーとして集めようとしたり、幸福や成長の追求もなく他の人を利用しようとしたりする。そのためなら犯罪を犯し、詐欺を犯し、窃盗を犯す人すらいる。

仕事は避けなければならない無意味なものに見えて、ビジネスは与える場ではなく奪う場に見える。常に恐怖と不安にさいなまれ、ありとあらゆる精神異常と精神病が発生する。

問題は、ほとんどの人が、このゲームしか知らないことである。その報いは、凡庸な、味気ない、喜びのない毎日である。ここには成長がない。より高度な意識がない。

至福もない。同じ退屈なストーリーが毎日、繰り返されるだけである。

無限のシンボルマークを知っているだろうか。∞。この記号は、実は無限を意味しているのではない。反対である。マインドがどこにも行かず、退屈な毎日が永遠にループしているだけのマークなのだ。ところが、誰も気づかない。

マインドは無限を理解できない。だから、成長と拡張の代わりに、自分が引き起こしている永遠のループを記号化させた。

エゴは恐ろしい。しかし、エゴに打ち勝つこともできる。こんな逸話がある。

アレクサンダー大王が、当時のギリシャ人が知っている全世界を征服した。やがて、彼の大軍が、インドに到着した。ところが、道を進んでいるとき、突然、軍隊が止まってしまった。

補佐官が前に走り、何が起きているのかを調べようとした。そして、そこで見た光景にひどく驚いた。

歴史上、最強の将軍の軍隊を止めてしまったのは、一枚のふんどしを身に纏って、道の真ん中に足を組んで座っている年寄りのヨギ（ヨガの修行者）だったのだ。補佐官がそこをどけと叫んだが、それはなんの役にも立たなかった。ヨギは動く気配もなく、そこに座っているだけだった。

何の騒ぎなのかを知ろうとして、アレクサンダー大王が近寄ったとき、補佐官はアレクサンダー大王を指さして言った。

「道からどけ。ここにおられるのは、全世界を征服したお方なのだぞ。そのお方を邪魔するお前は何者か。お前はいったい、何をしたというのだ」

ヨギは静かに答えた。

「私は全世界を征服する気持ちを征服させた」

アレクサンダー大王は言った。

「私は、自分以外に他の人間になることができるのなら、この男になりたい」

エゴを捨てられること、何も求めないことほどの強さはこの世にはないのである。

第7章　英雄の物語を作ろう

英雄の物語は、同じストーリーを描いている

エゴに満ち満ちた、味気ないメロドラマから卒業しよう。あなたは神話級の人生、素晴らしい冒険、猛スピードで疾走するスリルある日々を味わうことができるのだ。そのために、ぜひ知っておいてほしいことがある。

人類の歴史上、人々に強く支持され、感動をもたらすことになった、ほとんどの物語は、実はまったく同じストーリーを描いている、ということだ。

例えば『スター・ウォーズ』『ハリー・ポッター』『マトリックス』『ライオン・キング』『ホビット』『指輪物語』『オズの魔法使い』『宮本武蔵』、新約聖書に出てくるイエス・キリストの弟子の物語、ヒンズー教の聖典の一つ、バガヴァット・ギーターの中のアルジュナとクリシュナ……。

これらはすべて、まったく同じストーリーなのだ。それは、全人類が共通して共感する一つの偉大なるヒーローの物語であり、私たちの心を結びつける黄金の糸である。

しかし、それはこうした神話や映画の中だけで起きる話ではない。あなたが今いる状況も、同じヒーローの物語なのだ。なぜか。あなたはこの本を手に取った瞬間から、新しい物語に入ってしまっているからである。

このページを読んでいるあなたが、人生に方向性がなく、どうすればいいのかわからないでいるのなら、アメリカの神話学者、ジョーゼフ・キャンベルの不死不滅の言葉を分かち合いたい。

「私たちはこの冒険のリスクを一人で冒す必要はない。なぜなら、すべての時代の英雄たちが、私たちの先に行っているからである。

迷路は明らかになっている。英雄たちがたどった糸をたどっていけばいい。そうすれば、憎しむべき姿を発見すると思っていたところに神様を発見し、他に打ち勝とうと思っていたところで自らに打ち勝つのだ。

外に向かって旅しようと思ったところで、私たちの内なる存在の中心へと旅し、独《ひと》りぼっちになろうと思っていたら全世界と一緒にいることになる」

ヒーローの道を少し探索してみよう。

私たちのストーリーは、ヒーローになろうとする若者からスタートする。ここで若いというのは、年齢を指しているのではない。人生の残りはこれからである、ということ。道を歩み始めようとしているということだ。歳などは関係がない。

主人公はほとんどの場合、社会の中心から離れている。地下に隠れ住んでいるのだ。

ハリー・ポッターはプリベットドライブの階段の下に住んでいる。

『ホビット』のビルボ・バギンズは、丘の下の洞穴に住んでいる。

『スター・ウォーズ』の若きルーク・スカイウォーカーは半分地面に沈んだドームの中に住み、2つの太陽があって、水のない惑星で百姓として生きようとしている。あまりいいアイデアとは言えない。

『ライオン・キング』のシンバは家出して、2匹のイボイノシシと一緒にサバンナの上で暮らし、ハクナ・マタタを歌っている。

『マトリックス』のネオは、意味があるとは思えない仕事をし、オフィスで上司に叱られている。

『オズの魔法使い』のドロシーは、モノクロの世界に住んでいる。最初は白黒でスタートするのだ。

宮本武蔵は死人同然に関ヶ原の戦場の上で屍《しかばね》と屍の間に横たわっていた。キリストの将来の弟子たちは、丘から遠ざかったところで漁船に乗り、孤独な貧しい暮らしを営んでいた。

バガヴァット・ギーターのアルジュナは、戦場から完全に逃げていた。


さて、あなたは今、どこに隠れているのだろう？　あなたは、どんな味気ない毎日を送っているのだろう？　あなたが両手でしがみついている無意味な生活は何か。

あなたは、卵の中に閉じ込められたニワトリのようである。外の世界が見えない。光がない。通ることのできない厚い壁の外が見えない。他の生活があるとも思えない。

いやしかし、私はこうなのだ、私はこういうところにしかいられない、私には選択肢はない、他の道はない、と思っているのかもしれない。

思い出してほしい。この物語の主人公たちもまた、そうだった。

あなたの抵抗は、いったい何だろう

ここで、私たちの物語に、2人目のキャラクターが登場する。グル、預言者、賢者である。この賢者は、人間のこともあれば、カエルのような形をしているときもある。しかし、他のものにはない知恵を持っている。

ダンブルドア博士がハリー・ポッターのところに来て、ボクワーツの魔法の学校へと誘う。オビ＝ワン・ケノービがルーク・スカイウォーカーに伝える。「あなたはジェダイの騎士なのだ」。沢庵和尚が武蔵を招く。イエスが弟子たちを呼ぶ。モーフィアスがネオに赤い錠剤と青い錠剤を渡す。北の良い魔法使いのグリンダが、ドロシーを黄色いレンガの道に連れて行く。ヒヒザルのラフィキが、棒でシンバの頭を殴って「あなたは自分が誰であるのかを知らない」と叫ぶ。ガンダルフがビルボ・バギンズを誘い出す。クリシュナがアルジュナのところにやってくる。

今、この本を書いている私が今回、あなたのところにやって来た。これは、呼びかけである。冒険への誘いなのだ。

「来なさい、私たちは行かねばならない」

どこに行くのか。あっちである。あっちとは、新しい生活だ。今までいたところの外である。安心領域の外の世界だ。ここで、若きヒーローは抵抗する。

「そこには行けないよ。収穫が待っているんだ」

『スター・ウォーズ』を見ると面白い。惑星タトゥイーンには緑色が一つもないのだ。

ハリー・ポッターは言う。

「え、魔法学校？　そんなところへは行けないよ。僕は魔法使いじゃないし、そんなものになれないでしょ」

アルジュナの抵抗はこうである。

「私はこの戦争は戦えない。私の親戚が反対側で戦っているから」

私の最も好きな抵抗は、ビルボ・バギンズである。

「冒険？　嫌なこったい。夕飯に遅れてしまうじゃないか」

そう、私たちは、味気ない日常にしがみつき、非日常の成功をとにかく避けようとする。驚くべきことに、夕飯に遅れることさえ、払えない犠牲に見えてしまう。

今、自分の中で芽生えている抵抗を感じてみてほしい。あなたは冒険に呼ばれている。味気ない生活から離れるように誘われている。偉大さについて語られている。あなたの抵抗は何だろう。あなたが、そんなにしがみついているものは何だろう。貧しい農園の収穫。階段の下の生活。圧迫された暮らし。味気ない仕事。冴えない顔をした人ばかりの通勤電車。充実感のない時間。ＤＶを受けている関係……。

私たちは多くの場合、どういうわけだか、自分の知っている悪魔を選ぶ。なぜ、ＤＶを受けている妻は、夫のもとを去らないのか。表の玄関を出ればいいだけなのに。しかし、理由がある。玄関の外は、未知の世界だからである。外の世界は恐ろしいものに感じるのだ。

会社の表玄関から出れば、偉大な何かがあなたを待ち受けているのだ。なのに、自分の仕事が大嫌いな人たちは、その仕事から去ろうとしない。「私は辞めます」と言って玄関を出るだけで済むのに、そうしない。

玄関の外は、未知の世界だからである。外は恐怖に満ちたものに見える。だが、繰り返す。あなたは表の玄関さえ出れば、偉大な何かに出会えるのだ。

「召される者は多けれども、選ばれし者は少ない」

あなたはなぜ、今の状況を後にして前に出ないのか。

あなたは最初の一歩を踏み出せばいいのだ。物語では、若いヒーローが聞く。

「そこで何をするのか？」

「悪の帝国と戦うのだ」

「は？　頭がおかしいんじゃないのか？　戦えるはずがない。彼らはすごい力を持っているんだ。どうやって戦うんだ？」

若きジェダイはライトセーバーを渡される。

「これで戦うんだよ」

「あなたが狂っていると、確実にわかった。これは90センチしかない。敵はデス・スターを持っている。3秒で惑星ごと吹き飛ぶ」

「わかっている。それでも悪の帝国と戦うのだ」

戦いはあまりにも大きなものに見える。だから、戦いに出かけて行く者は少ない。物語はいつもこうである。

この本を読んでいる人のどのくらいの人が、重い腰を上げて安心領域の外に行き、冒険の道を選ぼうとするだろうか。だが、進む者は必ずいる。彼ら、彼女らは、大きく人生を変える。

キリスト教の経典の中には、こう書かれている。

「召される者は多けれども、選ばれし者は少ない」

私たちが渡るように要求されているラインは、知っている世界と未知の世界の間の線である。それは、私たちの安心領域と、不安を感じる未知の世界の間のラインである。

若きヒーローが抵抗しなかった、私が知っている唯一の実例は、イエス・キリストが弟子として呼んだペトロとその兄弟たちである。

「私についてきなさい」

イエスがこう言ったら、彼らはまっ先に網を捨てて、丘に上がって彼に従っていったのだ。しかし、イエス・キリストの場合でさえ、自分の過去の生活にしがみつく者は多かった。

ある若き王子がキリストのところに来て聞いた。

「良い師、私は救われるために、どうすればいいのか」

これはつまり、最高の人生を手に入れるために何が必要なのか、という問いである。

イエスは彼を冒険に呼びかけた。

「行って、自分の持ち物をすべて売って、貧しい人たちに与えなさい」

自分の今の生活を犠牲にしなさい、と言ったのである。

「そうすれば、あなたは天において富を持つようになる」

今の生活さえ犠牲にすれば、本当に望んでいる人生を手に入れることができる、と伝えたのだ。

聖書によれば、彼は悲しみながら、その場を去った。彼は多くの財産を持っていたからである。しかし、それは大した財産ではなかった。彼はもっと素晴らしい人生を手に入れることができたのに、今の人生に甘んじてしまった。

私たちは手軽に手に入れたものは軽んじてしまう

ルーク・スカイウォーカーはやがてこう言う。

「わかった。じゃあ、やってみよう」

しかし、私たちはそこで断らなければいけない。

「いや、やるかやらないか、だけだ。やってみよう、は、なしだ」

結婚を試すわけにはいかない。試しに子どもを持つわけにはいかない。人生は試験ではない。人生は練習ではない。本番なのだ。

しかし、ほとんどの人は準備に時間をかけ過ぎる。生きることに時間を十分にかけていないのだ。実際にやり始めることが大事なのだ。冒険に出るのか出ないのか、はっきりしないといけない。やってみよう、は、なしだ。

ヒーローは、その砂に引いてあるラインを渡っていく。そうすると、とても不思議で素晴らしいことが起こる。

すべての時代において、すべての文化において、すべての宗教において、すべての社会において、ヒーローがこのラインを渡るやいなや、ルビコンを越えていく瞬間、自分の安心領域を超えていく瞬間、魔法に満ち満ちた神秘的な世界に入っていく。

なぜだろう? なぜ、すべての時代、すべての文化において、古代ギリシャから現代の中国まで、キリスト教からヒンズー教まで、古代のエジプトから現代のアメリカまで、このストーリーが繰り返されるのだろうか。

答えはシンプルである。この神秘的な魔法に満ちた世界は、実在するからだ。そして、あなたもそこに入ることができる。これは心の世界である。心には限界はない。これはマインドの世界である。マインドは永遠に拡張することができる。これは夢の世界である。夢の中にはルールはない。神秘的で魔法に満ちた世界なのだ。そして、それはあなたのリアリティになろうとしているのだ。

この世界においては、水はワインに変えられる。難病に苦しむ人が癒される。死人が蘇る。魔法の指輪で身体が消える。一瞬でカンフーを学ぶことができる。念力で沼地から戦闘機を持ち上げることができる。魔法使いはホウキに乗って空を飛ぶ。神秘的な動物、小人、エルフなどに出会う。魔法の杖と水晶玉がある。

そして、この魔法の世界に入ったら、ヒーローはありとあらゆるチャレンジ、試練、問題に直面する。帝国の軍を通過しなければならない。オークと戦わなければならない。学校の仲間からいじめに遭う。寝てしまう。ポピーの花の畑を渡らなければならない。黒のスーツを着ている捜査官と戦わなければならない。

なぜなのか。なぜ、道はこんなに険しくないといけないのだろうか。

それは、天国が問いかけている。

「あなたは本当に欲しいのか。本当に代償を払う気があるのか。先に見せてみろ」

アメリカの哲学者、トマス・ペインが言ったように、「私たちは手軽に手に入れたものは軽んじてしまうのだ。代償だけが、モノに価値を与えるのである。天がその品物に正統な代償を与えているのだ」。

そして、自由ほど高い代償が必要になるものはない。そうでなければ、おかしいではないか。私たちは、自由、解放、モークシャ（解脱）、天の品を追求しているのだ。これは、グランドプライズである。制限のない、至福の人生を送るためのものだ。

しかし、この道には助けがないわけではない。

神々の究極の武器、「同盟」と「希望」

助けは2つの形をとっている。

一つは「同盟」である。

一人で何かをしようとするとき、私たちは有限である。しかし、より崇高な力に頼って、他の才能、強さ、資源を使い始めると、私たちは無限になる。

ヒーローの旅は一人で行うものではない。

フロドには指輪の同盟があった。キリストの12人の弟子たちはお互いの同盟があった。ルーク・スカイウォーカーにはハン・ソロ、チューバッカ、レイアが加わった。ドロシーには臆病なラインとかかしとスズの男が一緒になった。

ハリー・ポッターにはロン・ウィーズリー、ハーマイオニー・グレンジャー、ネビル・ロングボトムがついてくれた。ネオには、トリニティーやモーフィアスがいた。あなたの出かける冒険は、他の人の愛によって支えられる。

もう一つの助けは、神々の究極の武器にある。

神々の究極の武器とは何か。

あなたは「パンドラの箱」の物語を知っているだろう。このパンドラの箱を開けた瞬間に、ありとあらゆる災いが世の中に現れた。これは、英雄が直面する、ありとあらゆる問題のことである。

しかし、多くの人が物語で忘れていることがある。何かというと、その箱の下にそっと置いてあった、神々の究極の武器だ。それが「希望」である。

高校生のとき、私は初めて新約聖書を通読した。そこには、愛が最も偉大なものであると語られていた、私は次の言葉を覚えている。

「たといわたしが、人々の言葉や御使たちの言葉を語っても、もし愛がなければ、わたしは、やかましい鐘や騒がしい鐃鉢《にょうはち》と同じである。たといまた、わたしに預言をする力があり、あらゆる奥義とあらゆる知識とに通じていても、また、山を移すほどの強い信仰があっても、もし愛がなければ、わたしは無に等しい。たといまた、わたしが自分の全財産を人に施しても、また、自分のからだを焼かれるために渡しても、もし愛がなければ、いっさいは無益である」

そして、これに続く言葉は、キリスト教の結婚式でよく語られる一節である。

「愛は寛容であり、愛は情深い。また、ねたむことをしない。愛は高ぶらない、誇らない、不作法をしない、自分の利益を求めない、いらだたない、恨みをいだかない。不義を喜ばないで真理を喜ぶ。そして、すべてを忍び、すべてを信じ、すべてを望み、すべてを耐える。愛はいつまでも絶えることがない」

その日から、私は「希望」をなくしたことはない。そしてこれは、人生におけるすべての試練を乗り越えるための武器になった。

あなたの冒険においても、この武器は大いに役立つはずだ。

世界中で、実在しない龍が描かれている理由

冒険に呼ばれ、安心領域の外に出かけ、神秘的で魔法に満ちた世界に入り、ありとあらゆる障害に出会って、希望を持って戦い、ヒーローは最後の戦いに挑む。そこでいつも用いられる象徴的なモチーフがある。「龍」である。

龍は驚くべき存在だ。実は龍は、世界中で描かれている。中国でもヨーロッパでも、まったく同じ形で描かれているのだ。しかし、龍は実在しない。どうやって人々は、まったく同じ龍を描き出したのか。

心理学を勉強すると、その答えがわかる。龍は神話における、己のシンボルである。龍は自己の二面性を表す。

そして、この己に打ち勝つこと以外に、真の勝利はない。

この二面性について考えてみよう。

龍はとても下劣な動物である。湿っぽい洞窟に住み、地面を這い、自分が今まで集

めたわずかな金にしがみつき、永遠に陽を見ることはない。と同時に龍は大空を飛び回り、火を噴く伝説の動物でもあるのだ。

さて、あなたはどちらを選ぶか。これが、最後の戦いで直面する意志決定なのである。

龍はさまざまな形を取る。ハリー・ポッターにおけるヴォルデモート。一人を殺すのは、もう一人を殺すことである。フロドとモルドールの主、これは一つの指輪で結ばれている。敵は自分の一面であることを表している。それは、ヒーローの物語でいつも語られる。

その形はどうあれ、最後はエゴに打ち勝つということだ。キリストの物語でさえ、十字架にかけられることは物語におけるこの役割を果たしている。

私たちはエゴの死を引き受けなければならない。今まで知っている自己を犠牲にする用意がなければいけない。そうでなければ神々や女神、王や女王、祭司や女祭司にはなれない。

ヒーローの道の一歩一歩が、ここに向かっている。私たちは味気ない生活を犠牲にする必要がある。自己に頼らず、同盟に頼ることを学ばなければいけない。自分のエゴを祭壇の上に上げ、それを捧げて犠牲にする用意が必要なのだ。そうすれば、私たちは報いを得られる。


そして完全に己に打ち勝ったとき、神々の霊液をもらうことができる。

これは、私たちが手にできる最大の賜《たまもの》である。自由と永遠の生命である。私たちのヒーローは、ここで解放される。そして、自由のない味気ない毎日の生活と、神秘で魔法に満ち満ちた世界の間を自由に行き来できるようになる。天地の間を自由に行き来できる。


なぜ、ヒーローは家に戻ってくるのか。これほどの冒険を経験し、これほどの魔法、エキサイトメント、勝利を達成したのに、なぜ戻ってくるのか。

それは、次のヒーローを育てるためである。次のヒーローを冒険に呼ぶためである。

ビルボはフロドに向かって言う。

「あなたは冒険に行かなければならないのだ」

「え、どこ?」

「あっちだよ、あっち」

自分が計り知れない力を持っている、という恐怖

あなたは自由を手に入れたいだろうか。自由でありたいと答えるに違いない。しかし、本当にそうなのだろうか。マリアン・ウィリアムソンの言葉を借りて言うならば、こういうことだ。

「私たちの最も根深い恐怖は、私たちは不十分ではないか、ということではない。私たちの最も深い恐怖は、私たちは計り知れない力を持っているのではないか、ということである。私たちの暗闇ではなく、私たちの光が、私たちに恐怖を与えているのだ。私たちは自らに自問自答する。私は素晴らしい存在でいられる資格はあるのだろうか。私は天才、美人、才能豊かと言えるのか……。しかし、あなたにはその資格がある。私たちは自分の光を輝かすと、他の人に対しても、同じように認めることができるようになる。自分が恐怖から解放されると、あなたの存在は、他の人を自由へと導く」。

私は自由になった日をよく思い出す。当時、私はシンガポールで900平米の豪邸に暮らしていた。そして、ある日、海外旅行に出かけた。リゾート地に着いたとき、私の頭の中に一つの思いがよぎった。

「もったいない。あんな素晴らしい家があるのに、どうして私はそこにいないのだ?」

これでは自由とは言えない。

私は旅行が好きなのだ。最も楽しんでいるはずのとき、私の心は、そこにあらずだった。心は別のところにあった。自分の所有物に執着していた。そこにアイデンティフィケーションしていた。

どうすればいいのか。その生活を手放すしかないと思った。どんなに素晴らしい生活だったとしても、手放さなければ次の生活へと進んでいけない。

私は家を手放し、家財道具をすべて売り払い、スーツケース2つを持って玄関先に立った。文字通り、ホームレスとなった。その日、泊まる場所は決まっていない。自分の足下の地面が揺れるのを感じた。めまいもした。なぜか。自由になってしまったからである。

自由であるということは、どういうことか。すべて自分で決めなければいけないということなのだ。私は今日どこに行けばいいのか。自分で決めなければ、スーツケースを持ったまま、突っ立っているだけである。今晩どこで泊まりたいのか、考えなければ、私は野宿するしかない。すべて、自分で決めなければならないのだ。

だから、ほとんどの人は自由から逃げる。自由を手に入れたときの代償が大きいからだけではない。自分の生活の、自分の人生の責任をすべて自分でとらなければならないからだ。自分の行動の一つひとつを、自分で選ばなければならないからだ。

では、会社員の生活について考えてみよう。ほとんどの会社員は、自由がないと文句を言っている。その通りだ。しかし、彼らはそれと引き換えに自分で何も決めなくていいのだ。

朝、何時に起きればいいか。出社時間から逆算すればいい。今日どんな服を着ればいいか。会社のルールやまわりの同僚たちの服装を見て決めればいい。家を出たらどの方角に向かえばいいか。会社の在る方角が教えてくれる。

どの電車に乗るのか。会社が支給した定期券で決まる。会社に到着したら何をすればいいか。上司の指示に従えばいい。

実にラクである。しかし、そこに自由はない。

人生は自己責任で生きるものである。

社会の中のほとんどの人が、他の誰かが自分のために何かをやってくれることを願っている。自分のニーズを満たしてくれることを願っている。自分を守ってくれることを願っている。

だからこそ、政府が大きくなり過ぎてしまったのだ。個人消費が国内総生産の約6割を占めてしまっているほどなのだ。

自分が自由から逃げていることに、気づかなければいけない。

「アイツ」に気をつけろ

もう一つ、自由を手に入れるときに気をつけなければいけないのが、「アイツ」だ。私たちが少しでも安心領域の外に行こうとしたり、自由を手に入れるための冒険の旅に出かけようとすると、「アイツ」がわめき出す。「アイツ」とは、頭の中の声である。やろうとしていること、やりたいことをすべて止めようとするのが、「アイツ」だ。

そして、あなたはここで大きな間違いを犯してしまう。自分の頭の中の声は、自分であると勘違いしてしまうのだ。

もし自分の頭の中の声は自分だと思っているならば、あなたに次の質問をしなければならない。

「その話を聞いているのは、誰か」。

もし頭の中の声は自分だと思っているのならば、こうも問わなければならない。

「あなたはその声をコントロールできるのか」。

それが自分だと考え、その声をコントロールできると思っているとしたら、あなたはおかしい。

それはあなたではない。そして、それをコントロールすることはできない。


前にも話しているように高所恐怖症だった私がスカイダイビングに挑んだとき、大騒ぎしたのが、「アイツ」だった。地上から3000メートル離れた飛行機の扉にしゃがみこむと、「アイツ」は狂ったように語り出した。あらゆるストーリーを語った。

「お前は死ぬ」

「お前に限ってパラシュートは開かない」

「垣根の上に落ちて、牛に食われてしまう」

声はとどまるところを知らず、変なストーリーまで語ったわけだ。

誰でも「アイツ」を持っていて、アイツはいつも騒ぎ出す。

「起業してはならない。お前は倒産する」

「彼女をデートに誘ってはならない。お前は恥をかく」

「フルマラソンを走るな。無意味だ。疲れるだけだ。バカバカしい」

頭の中の声は、単なるストーリー発生器に過ぎない。私は日本語でこれを「アイツ」と名づけた。

歴史上の宗教家は、この声を「悪魔」と呼んだ。しかし、これは大きな間違いだと思う。その言葉は、その声に必要以上の力を与えてしまうことになるからである。その声は単なるストーリー発生器に過ぎないのだ。

禅の僧侶は、これをサルマインド、モンキーマインドと呼んでいる。これは悪魔より大きな改善である。「アイツ」のバカバカしさをよく表している。

人は何千年にもわたって「アイツ」をコントロールしようとしたり、「アイツ」をなくそうとしたりしているが、それはうまくいかなかった。「アイツ」は決して消えない。問題はそれに従うか、従わないか、だ。

昔、ある証券会社の担当者と付き合っていた。彼はいつも間違っていた。彼が推奨した株は暴落する。売るよう勧められた株は急騰する。やがて、彼の言うことの反対に動くようにした。おかげで、大きな利益を得た。「アイツ」はそれにそっくりだ。

このストーリー発生器が狂ったように叫んでいたら、あなたは正しいことをしているということだ！

逆に叫ばなかったら、あなたは間違った道を歩んでいる。小さ過ぎることをやっている。成長していない。安心領域の中にとどまっている。無限の可能性の想像力の中ではなく、記憶の制限の中に生きているだけである。

大きな恐怖を抱いておらず、退屈しているということは、あなたには小さ過ぎることをしているからだ。そのことに早く気づいていただきたい。

「アイツ」との関係をうまく管理する方法が一つある。それは、「アイツ日記」を書くことである。「アイツ」の言うこと、叫ぶことをすべて書き留める。それを読んで、どれほどバカバカしく聞こえるのかを見てみる。

自覚は魂にとっての太陽光であり、太陽光は最高の消毒液である。

「アイツ」はインスピレーションでもない。インスピレーションはまったく違うところから出てくる。それは最善の自分へと引き上げてくれる。

「アイツ」はエゴを守り、進歩を止めるだけだ。そして、そのバカバカしいストーリーで、あなたの人生を破壊へと導く。

第8章

4つの元型を理解する

人間を定義する4つの「元型」

ここまで語って、人間の本質に光を照らす準備ができてきた。私たちの本質とは何なのか。私たちは何によって定義されるのか。私たちは、どのようにして、自分の人生の物語である偉大なる神話、冒険を設計できるのか。

これらの質問に答えることによって、計り知れない力強いフレームワークを作ることができる。そして、それによって、私たちはすべての知識、すべての人間の哲学を理解することになり、最終的にはより崇高な力へとつながっていく。

人間の本質は、比喩と「元型」によってしか理解することができないと私は考えている。ここで人間を定義する元型を紹介しよう。

元型とは、原始的なメンタルのイメージである。それは、先祖からずっと引き継いできているものだ。

これらの原型は、いろんな時代、文化、政府、宗教において繰り返されてきた。それは、これらが私たちの本質そのものだからである。

別の言い方をすれば、これらの元型は、私たちのエネルギーのいくつかの側面を表していると考えることができる。そして、それぞれの側面を磨くことで、私たちの人生の素晴らしい原石をダイヤモンドへと磨き上げることができる。

基礎的な元型の名前はいくつかある。私のグルは4つの元型を「戦士」「恋人」「魔法使い」「王様」と呼んでいた。私がこの名前が適切だと考えるのは、神話、おとぎ話、原始的な壮大な何かに、私たちをつなげてくれるからである。

これを、さまざまな角度で見つめてみることにしよう。この4つをすべて合わせたら、自分自身を理解する力強い道具になるはずだ。

そして、最終的にこれらの元型を使って、私たちの生活を体系化していく。自分の努力を集中させ、身体を癒し、愛を見つけ、富を深める。そうして、至福に生きられるようにする。4つの元型を開発していけば、それは自然に起きる。

「戦士」、「恋人」、「魔法使い」、「王様」

「戦士」は身体を癒やし、健康、フィットネス、バイタリティーをもたらしてくれる。

「恋人」は自分のために愛を見つけ、より強烈な感情を生活の中にもたらしてくれる。

「魔法使い」は鉛を金に換え、想像を超える富をもたらし、自分の知恵、理解力、知識を上げてくれる。

「王様（または女王）」は、自分の究極の目的を明かし、天とつなぎ、世界を良い方向に変え、至福に生きることができる。


それぞれを解説しよう。

「戦士」。戦士は身体である。生命力、健康、バイタリティーである。戦士は境界線を持ち、それを保つ。規律性があり、ルールを守れる。行動し、物事を達成するエネルギーとなる。

戦士が健在であれば、あなたはバイタリティーを持ち、健康で、行動力のある人間になれる。自分と他人に対して、なした約束を守ることができる。規律性のある生活を手に入れることができる。

朝4時に起きると決めたら、朝4時に起きる。それは必要だから、ということではなく、自分がそうすると決めたからだ。これが、戦士の発想である。自分の決めたことを守る力を持っている。

この戦士の力が弱ければ、健康は衰退し、バイタリティーは失われていく。目標やビジョンを持っていても、それに基づいた行動ができない。引き延ばしばかりをする。恐怖を抱きながら生活する。節操のない生活を送ることになる。

「恋人」。これは、あなたのハートである。戦士が物事を進める力だとするなら、恋人は感じる力である。

戦士は境界線を守るが、恋人はその境界線を越えていく。

国で譬《たと》えるなら、戦士は軍隊である。国の境界線を守る。恋人は外交官である。国の境界線を越えて、他との関係を作り出す。このエネルギーの変化は、極めて細かいものだが、とても力強い。

戦士のエネルギーで境界線を越えれば、それは戦争行為となり、とんでもない結果を引き起こす。しかし、恋人のエネルギーが境界線を越えれば、これは親睦の行為、リスペクトの行為となる。外交官は外国で歓迎されるが、軍はさほどでもない。恋人はルールや境界線を持たない。

戦士は疲れることがあって休みを必要とするが、恋人は消えることのない電池を持っている。恋人は、疲れ切って怪我をした戦士を癒すことができる。

恋人のエネルギーが強ければ、あなたは物事を深く感じることができる。強い人間関係を築ける。生活の中に、愛や親睦を育むことができる。

恋人の元型は、「遊び人」、または「芸術家」と呼ばれることもある。「遊び」という言葉は、特定の意味を持つ。機械の部品で考えるなら、部品が想定外の動きをしているとき、それを遊びという。恋人は、それと同じである。

境界線を越え、ルールを越え、自由に動くことができる。想定外の動きをすることができる。

恋人のエネルギーが強ければ、あなたは「遊び心」を持って人生を楽しむことができる。

きる。自分の余暇は満足するものになる。インスピレーションが生まれ、クリエイティビティを発揮できる。まわりのすべてとつながっているように感じる。

しかし、このエネルギーが弱ければ、あなたは寂しく感じる。さまざまな中毒に陥る。恋人が弱いと、目的を持たずに、ただ感じることに溺れがちである。ドラッグ、アルコール、ギャンブル、その他の安っぽいリスクへと走っていく。


「魔法使い」。魔法使いは学者であり、錬金術師である。知識の根源であり、富の根源である。あなたの中の考える部分である。マインドである。物事を分析し、その仕組みを理解できる理解力である。

ユーモア感もある。魔法使いは一歩下がって物事を客観的に見つめて、そのおかしさを見ることができる。それについて笑うこともできる。

魔法使いは離れた塔の一番上に立ち、王国を上から見つめて、「みんな苦労しているらしい」などと言ったりする。

このエネルギーは、圧倒されていると感じるときにかなり役に立つ。魔法使いは、圧倒されることがない。それは空気であり、問題を観察する。魔法使いは決してそれを直接、経験しない。

魔法使いは変化をもたらすエネルギーでもある。あなたの姿を、魔法の杖を一度振るだけでカエルにでも、王子にでも姿に変えることができる。

魔法使いのエネルギーが強ければ、あなたは幅広い分野に対する知識と理解力を持つ。物事を素早く理解できる。構造を発見し、それを自分の利益に変えることができる。

魔法使いのエネルギーが弱ければ、あなたは知識をあまり持たず、理解力はさらに欠如する。あなたにとって、世界はブラックボックスにしか見えない。変わることにも苦労する。そして、常にお金について心配をする。

経済的自立は不可能な目標に見える。あなたは無知、退屈さ、欠乏で悩む。変化やバラエティの代わりに、人や状況をコントロールし、操ろうとする。

「王様」。これは魂である。自分のビジョンと方向性である。聖なるものである。「ただ、ある」という自分の一部分である。

イエス・キリストは自分のことを〝I am〟「我あり」と言った。そして人々は、たちまち彼は涜神罪《とくしん》を犯していると言ってすぐに石を手に取って彼を殺そうとした。

先にビートルズに瞑想を教えたマハリシを紹介したが、彼の記者会見のエピソードをもう一つ思い出す。記者はこう問いかけた。

「弟子たちと話していると、あなたはさも超能力を持っているかのような話になるが、ここで聞いてみたい。あなたは超能力を持っているのか」

マハリシは笑って答えた。

「みんな持っているのだ」

王様のエネルギーは聖人であり、仙人であり、神聖なものである。あなたを通しての神様、あなたの中に宿る神様、あなたとしての神様なのである。つまりは、自分は神だということだ。

王様のエネルギーが強ければ、あなたは自分が何者なのかをよく理解している。無限の愛、神聖なものとつながっている。より崇高な目的を達成するために、より崇高な力に頼ることができる。あなたの人生は無限である。

あなたは幅広く国家、世界に対して関心を持つ。あなたは常にエクスタシーと至福の中で過ごす。毎日、感謝している。みんながあなたを高貴、神聖、無我なものとして見る。

あなたはこの世界に残りながら、他の次元の人生に触れている。それは無限の光と愛である。あなたの行くところに奇跡がついてくる。あなたはそこにいるだけで、相手を見るだけでいい。それだけで彼らの人生に意味と生きがいをもたらす。

しかし、このエネルギーが弱ければ、あなたの人生には目的も方向性もない。自分の自己重要感に集中してしまう。他の人を見て、オレを見てくれ、オレを見てくれ、と叫ぶ。これが、弱い王様の叫び声である。自分はこんなに大きくて、こんなに重要人物なのだ、と。エゴに乗っ取られてしまっている。

このエネルギーが弱ければ、あなたの人生は大して意味を持たない。簡単にうつになる。自殺を考える。昔、起きたトラウマにずっと苦しむ。

4つのどれを欠かしてもいけない

ここで、大切なことを語っておかねばならない。4つの元型を学んだとして、「自分はどれだろうか」と問いかけてはならないということだ。4つの元型は、すべて自分の中に確立されていなければならない。どれ一つ欠けてもいけないのだ。

社会において、あるいは組織において、私たちは4つのうちの一つを自分の役割として引き受けることはある。だが、自分の中には常に4つすべてが宿っていなくてはいけない。

少し考えてみよう。あなたの「王様」はとても高いレベルにある。あなたは大きなビジョンを持ち、人生の目的をよく理解している。「魔法使い」も強く、あなたは深い知識と理解力を持っている。状況をよく分析し、どのように進めればいいのか、わかっている。

「恋人」も洗練されている。他の人たちはあなたに好印象を持ち、あなたを支えようとしている。しかし、「戦士」は弱い。あなたは朝、ベッドから出ることができない。

これでは、どうだろうか。あなたの夢は、絵に描いた餅に終わってしまいかねないのだ。

一方、あなたの「王様」は強く、ビジョンがしっかりある。「魔法使い」は理解力があり、しっかり計画も立てている。「戦士」はやる気満々である。朝はベッドから飛び起きて、一日に取り組もうとしている。

しかし、「恋人」は弱い。他の人とのつながりを構築することができない。これでは結果はどうなるか。あなたができることは、自分一人でできることに限定されてしまう。大きな意義を持つことは、決して達成することはできない。

こんなケースはどうだろう。「王様」は強く、ビジョンはしっかりある。「恋人」もしっかりしていて、他の人が参加してくれるような関係作りができている。「戦士」はやる気満々である。

しかし、「魔法使い」はバカンス中である。あなたには、知識も理解力も足りない。物事を深く読み解くことができない。だから、先に進むための道が見えない。どうなるだろうか。あなたは熱心に自分のビジョンに向けて働きかけるが、やり方は不効率で、ほとんど何も達成できずに終わってしまうのである。

最後は、「戦士」「恋人」「魔法使い」はみな健在だが、「王様」が弱くて未発達であるケース。あなたには、ビジョンも目的もない。どうなるだろうか。あなたは、どうでもいいことを専門にして生きることになる。

近所にこういう人が一人いると、とても便利である。走り回ってゴミを拾ったり、その他の些細なことはたくさんしてくれる。だが、深い意味と意義のある人生を生きることはない。真の素晴らしさに到達することもない。

4つは、すべてが必要なのだ。

自分の「戦士」の姿を評価してみよう

では、ここで自分の4つの元型が、どのくらいのレベルにあるのか、現在の姿を評価してみよう。必要なことは、真正直《ましょうじき》になることだ。エゴを誇張し、自分を甘く見つめても、なんの意味もない。

「戦士」。0点から10点のスケールで、次の項目を評価してみよう。

1. 全体的な健康
2. 全体的なフィットネス
3. 食生活の質
4. 運動の一貫性と強烈さ
5. 病気からの解放
6. エネルギーとバイタリティー

7. 規律性
8. 時間（約束）を守る力
9. 物事を達成する力
10. ハングリー精神

これを合計してみよう。トータル□点。

あなたは走ったりダッシュしたり、腕立て伏せをしたり、懸垂したりすることができるだろうか。スリムで機敏で柔軟性があるだろうか。エネルギーいっぱいで、朝ベッドから飛び起きることができるだろうか。強い暑さや寒さに耐えることができるだろうか。健全な性欲があるだろうか。

あなたは、病気から解放されているだろうか。長く健康な人生を生きる自信はあるだろうか。規律性と生産性が高いだろうか。時間に対する約束を守り、果たしているだろうか。自分のための設定したルールの範囲内に生活しているだろうか。あなたは超ハイパフォーマンスの人間だろうか。

あなたは自然の一つの力だろうか。それとも脆弱《ぜいじゃく》で病気で疲れているだろうか。肥満、高血圧、糖尿、心臓病、自己免疫症候群、痴呆症の初期段階、腸の問題、肝臓病、ホルモンのバランスの崩れなどに悩んでいないだろうか。

あなたは運動を嫌がっていないだろうか。歩いたり、地面から起ち上がったり、ベッドから出たりすることを難しく感じてはいないだろうか。

性欲をなくしてはいないだろうか。引き延ばしをしたり、時間に対する約束を破ったり、1週間、1カ月、1年が経ったところで、いろいろなことが達成できていないという状況に陥ってはいないだろうか。

モチベーションを欠如していないだろうか。腹の中の火は消えてしまっていないだろうか。あなたの身体は今、どのような状況だろうか。それは、どのようになってほしいだろうか。

あなたの規律性と行動力が、この評価でわかるはずである。

自分の「恋人」の姿を評価してみよう

「恋人」。0点から10点のスケールで、次の項目を評価してみよう。

1. 友人関係
2. 親密関係
3. 家族
4. ビジネスと職場関係
5. 他の人を理解し、感情移入する力
6. エモーションの質
7. エモーションの強さ
8. 人生を楽しむ力
9. 遊ぶ力

10. 適切な形でルールを破る力

これを合計してみよう。トータル□点。

あなたは深い信頼のある人間関係を築いているだろうか。深い継続的な親密関係を築けているだろうか。あなたは家族と良好な関係を築いているだろうか。他の人と簡単に深くつながることができるだろうか。

他の人はあなたのプロジェクト、夢、目的をサポートしてくれるだろうか。至福、喜び、エクスタシー、幸福、興奮、情熱、愛をサポートしてくれるだろうか。

自分のエモーションは、深く強烈に感じることができるだろうか。至福、喜び、エクスタシー、幸福、興奮、情熱、愛、平和、充足感などを感じているだろうか。完全に人生と打ち解けているだろうか。

あなたは遊び、適切な形でルールを破り、人生を最大限に楽しむことができているだろうか。毎日を笑って過ごしているだろうか。あなたの顔は笑顔だろうか。子どものような無垢さがあるだろうか。

それとも、あなたは他の人から遠ざかってはいないだろうか。他の人を遠くに感じてはいないだろうか。人間関係は一過性になってはいないだろうか。友達の欠如に悩んではいないだろうか。一人で生きているような気持ちになってはいないだろうか。孤独感、寂しさを感じてはいないだろうか。

自分の目的から気をそらされるような敵はいないだろうか。悲しみ、うつ、不幸、憎しみ、不安、罪悪感などを感じてはいないだろうか。

人生が、土をなめるような退屈で味気ないものになってはいないだろうか。自分一人の時間を楽しむことを難しく感じてはいないだろうか。柔軟性を失っていないだろうか。しかめっ面になることが多くなってはいないだろうか。

笑うのが難しいと感じてはいないだろうか。人生の重荷を背負うのは大変だと感じてはいないだろうか。

人間関係は今、どういう状況だろうか。どのようなものであってほしいだろうか。あなたの感情は今、どのようなものになっているだろうか。どのようなものであってほしいだろうか。

自分の「魔法使い」の姿を評価してみよう

「魔法使い」。0点から10点のスケールで、次の項目を評価してみよう。

1. 世界に対する理解力
2. 自分の知識の幅と深さ
3. 自分の教育のレベル
4. 問題を解決する力
5. 生活において変化をもたらす力
6. ユーモア感
7. システムや組織を構築する能力
8. ビジネス能力
9. 収入のレベル

10. 財産のレベル

これを合計してみよう。トータル□点。

あなたはたくさんの知識を持ち、高い教育水準に達しているだろうか。世界を深く理解しているだろうか。鮮明に考えることができるだろうか。言語、科学、数学、歴史、政治、経済、音楽、アート、宗教など幅広い分野にわたる知識を持っているだろうか。

あなたは読書を愛し、幅広く頻繁に本を読んでいるだろうか。問題解決はやりやすいと感じているだろうか。

生活において変化を起こすことを簡単に感じているだろうか。自分に起こるいろいろな出来事に対して、一歩下がって笑って見ていられるだろうか。

あなたは巧みにビジネスを行い、お金をきちんと扱う能力を持っているだろうか。裕福さの洪水に溺れそうになってはいないだろうか。自分一人のために使える以上の資産を築くことができているだろうか。

あるいは、あなたの知識と理解力は、狭くて浅いものになってはいないだろうか。教育されていない人間になってはいないだろうか。

世界の多くが自分にとってミステリーであるブラックボックスで、理解できないものだと思ってはいないだろうか。

あなたの知識は数少ない分野に限定されてしまってはいないだろうか。簡単に問題に圧倒されてしまってはいないだろうか。

人生の悲劇におけるユーモアが見えなくなってしまっているのではないだろうか。人生は難しく、なかなか進んでいかないものになってはいないだろうか。

ビジネスの能力が欠如していないだろうか。お金は常なる戦いだと思ってはいないだろうか。充実した人生を送るための必要な収入や資源がいつも欠如していると感じてはいないだろうか。

あなたの知識と理解力は今どうなっているだろうか。どのようなものであってほしいだろうか。自分の富と収入のレベルは今どうなっているだろうか。それは、どのようなものであってほしいだろうか。

自分の「王様」の姿を評価してみよう

「王様」。0点から10点のスケールで、次の項目を評価してみよう。

1. 自分の目的、運命、ミッション、ビジョンの感覚
2. 人生の意義の深さ
3. 自分のリーダーシップ
4. コミュニティや国家の政治的プロセスに対する参加度合い
5. 他の人を見て彼らを認識する能力
6. 自分の表現する感謝のレベル
7. スピリチュアリティー
8. より崇高な力にまたは他人につながり、それに頼る力
9. 自分の神聖さ

10. 自分の能力を超えるプロジェクトを推敲する能力

これを合計してみよう。トータル□点。

人生におけるグル、師匠や恩師、いい影響を与えてくれる人と出会い、その人と関係を築いているだろうか。自分の人生における目的とミッションを知っているだろうか。そこに深くつながっているだろうか。この目的意識が、あなたの生活に方向性を与えているだろうか。

明確なビジョンはあるだろうか。自分の目標や夢はしっかり書き留められているだろうか。ドリームボード、ビジョンボードはできているだろうか。ほかの人に宿る無限の可能性がしっかり見えているだろうか。

たくさんの感謝を表現しているだろうか。他の人の成功を喜んでいるだろうか。他の人に対する接し方は優雅なものになっているだろうか。

深いスピリチュアリティーのある人生を生きているだろうか。より崇高な力と深くつながり、頼っているだろうか。人生において導かれているだろうか。天地宇宙の無限の力によって支えられているだろうか。

あなたは人間の中の王または女王、祭司または女祭司になっているだろうか。神聖さと光に満ちた人生を生きているだろうか。


あるいは、あなたは道に迷ってはいないだろうか。まだグルを見つけておらず、もっと悪いことにその必要性すら感じていないのではないだろうか。

自分の存在に意味と意義の欠如を感じてしまってはいないだろうか。ビジョンを持たず、書き留められた目標や目的を持っていないことはないだろうか。自分の将来の夢を描くことを難しく感じてはいないだろうか。自己中心になってはいないだろうか。方法はどうあれ、他の人の失敗、不幸、つまづきを望んでいないだろうか。敵を持ってはいないだろうか。憎しみがあなたの生活の一部になってはいないだろうか。

あなたはリーダーシップが欠如してはいないだろうか。他の人を軽蔑、見下してはいないだろうか。あなたは暴君や、いじめっ子になってはいないだろうか。

スピリチュアリティーや精神性は、あなたほど賢くない人たちだけに必要なものだと勘違いしてはいないだろうか。自分の能力だけで目標を達成しようとしてはいないだろうか。

より崇高な力の実在を受け入れておらず、それを自分の生活に招かないでいるのではないだろうか。

あなたは粗末な醜い人間で、光に欠如し、自分の身体とマインドに毒物ばかりを入れ、他の人に害を与え、神聖さのかけらもなく、悪党と悪魔の仲間にしかなれっこない人間になってしまってはいないだろうか。

自分の目的、ビジョン、人生の意味は今、どのくらい明確になっているだろうか。どのようなものであってほしいだろうか。自分のスピリチュアリティーのレベルは今どうなっているだろうか。それは、どのようなものであってほしいだろうか。

4つの元型を、さらに進化させる方法

自分が持っている元型のそれぞれについて、進化させていきたいと考えている人も多いだろう。そのために、今日から簡単にできることがある。

まずは、「戦士」。「戦士」を進化させるには、難しいことをすることである。難しいことに挑むことは、あなたの自信を強め、行動力を高めることになる。

何も思いつかなければ、毎日、冷たい水でシャワーを浴びるだけでもいい。冷たい水風呂に入る、でもいい。

私の人生の最初の師匠は、これだけで自分の身体のすべての病気を癒し、それこそ世界最強の「戦士」にまでなった人である。気の宗主と呼ばれた藤平光一先生である。

続いて、「恋人」。「恋人」を進化させるには、毎日まわりの人たちに対して、自分の愛を表現することである。「愛している」と声に出して語るのだ。

恥ずかしく思っている間は遊び心が湧くはずもなく、感情も深まらない。

そして、「魔法使い」。「魔法使い」を進化させるには、理解を求めることである。今までの学校教育における学習のほとんどが、覚えることを求める教育だった。しかし、それでは「魔法使い」は進化しない。覚えるのではなく、理解するのだ。

なんでもいいので分野を一つ選び、それについて毎日30分から1時間の読書をする。そこに書いてあることを覚えようとせず、ただただ理解しようとするのだ。やがて、世界はブラックボックスではなくなってくる。

最後に、「王様」。「王様」を進化させるには、より崇高な力に頼って、より崇高な目的を達成しようとすることだ。

より崇高な力はどんなことでもかまわない。まわりの人たちでもいい。会社の同僚でもいい。まわりのコミュニティでもいい。あるいは、もっと大きな神様や天地宇宙でもいい。

大事なことは、その力は自分一人の私利私欲のためではなく、よりみんなを幸せにしていく目的のために傾け、使用していくことだ。そうすれば、あなたのビジョンはだんだん広がっていく。

4つの元型は、正しく使えば、あなたに無限の幸せをもたらす。そのために、ここから始めてみよう。

自分の大好きなことを、自分の大好きな場所で、自分の大好きな人たちと一緒に今、やり始めることだ。待たない。自分の行動力を、自分の幸せのためにまず行使しよう。

愛と捨て身で生きよう。自分の身体を感じて、自分の気持ちを感じて、自分の声も、目的も、万物も感じて、自分の人生を深く深く感じよう。

マイナスのエモーションでさえ深く感じれば、それは人生に色をもたらし、さらに美しいものにしてくれる。

自分に不幸せを感じさせているものを、今すぐ生活から除外しよう。自分の魔法の杖を振って、それを消そう。待たない。不幸せな根源のすべてを生活から今、クリアしていこう。

自分の充実感、自分の人生の目的の達成の妨げになっている所有物、作業、人、仕事、その他のすべてをなくしていこう。

そして今、過激なほどに寛容さを示そう。至福を感じよう。毎日、心の中の至福とエクスタシーを感じる練習をしよう。素晴らしい気持ちを感じるための理由などいらない。至福を感じるために理由は必要ない。

あなたは、ただ、いるだけでいい。それは十分な理由になるはずだ。

自分自身を100パーセント自分の思う通りにする。毎日少なくとも5分間、笑う。ランダムな時間にランダムな場所で至福を感じる。そこから始めればいい。

第9章

幸福に向かう道のり

出家に学ぶ

私たちの誰もが、英雄の冒険に出かけることができる可能性を持っている。無限の存在になる旅に、出かけることができる。

しかし、そのためには、やらなければいけないことがある。それは、何度も繰り返すが、過去の自分の物語と決別することである。今までの道のりを断ち切らなければならない。これを深く断ち切れば断ち切るほど、無限に向かっていく。そうすると、道は歩みやすくなる。

仏教においては、過去を手放し、無限に向かっていくための面白い方法が確立されている。具体的なステップが設けられている。無限に立ち向かっていきたいと願ったとき、仏教徒が最初に行うことがあるのだ。それは「出家」である。

あくまで「出家」であって、「入寺」と呼んでいないところが興味深い。寺に入るわけではないのだ。家から出て行くのである。家だけではない。家族も含め、自分のしがらみをすべて後にする。

無限の現実に立ち向かっていく「出家」の最初のステップは、自分の文化、伝統、伝説、さらには今まで家族や学校などから授かってきた教えを後にするということである。

そうすることで、私たちは、今の世界から未知の世界へと足を踏み入れることができる。そこでは私たちは自由であり、自分の選択を自分で行うことができる。

そして次のステップは、剃髪《ていはつ》である。これは、自己イメージを打破するというシンボル的な意味合いを持つ。他の人にどう見えるか、その執着を断ち切るのだ。

今まで、どんな自己イメージを持ってきたか。自分はこういう人間だ、自分はこういうことができて、こういうことができない……。こうした思い込みは、無限に立ち向かうとき、すべてが邪魔になる。邪魔以外の何者でもない。

鏡を見て、己の姿をそこに認識できなくするのだ。この人は誰なのか。それがわからない。しかし、こうなれば、その人は誰にでもなることができる。どんなものにでもなれる。

最後のステップは、改名である。古い名前、古いラベル、古いアイデンティティ、古いアイデンティフィケーション、古い執着は、そのすべてが名前にくっついているお荷物である。

自分の古い名前には、ありとあらゆる荷物がついているのだ。何々さんはこういう人だ。何々さんはこういうことが得意。何々さんはこういうことが苦手。

しかし、新しい名前には、何の荷物もくっついていない。言うならば、更地の状態である。そこには、どんな構造物でも建てることができる。

あなたが人生を本当に大きく変えようと思うなら、出家に学べばいい。過去との持続性を断ち切ればいいのだ。

自分の言葉に注意せよ！

ここで、あなたに一つの演習を提案したい。私がアドバイスした人たちにとって、とても大きな意味を持った演習である。街の中に出て、自分の過去からは想定できないストーリーを生きてみる、というものだ。

今までだったら、決して自分に許さなかったことをやってみる。自分の自己イメージに合わないことをやってみる。自分の親が決して自分に許さなかったことをやってみる。快適ではないことをやってみる。安心領域以外のことをやってみる。

3時間から4時間もあれば十分だろう。大事なことがあるとすれば、自分や他人に対して継続的な害にならないようにすることだ。ただ、そうでないなら、やってみるといい。それは、新しい人生の物語を切り拓いていく第一歩となる。

もう一つの提案は、自分の言葉に注意をする、ということである。人間には意識と無意識があるという話はすでに書いているが、無意識のほうがはるかに大きい。そして、無意識の力は、意識よりはるかに大きいのだ。

無意識には、大きな役割がある。それは、あなたを嘘つきにしないということだ。

「オレはバカだよ」

と言ったら、無意識はたちまち、「ああ、そうか。この人をバカにしなければならない」と考え始める。そして、そうするだけの力を無意識は持っている。あなたが勉強したことをすべて忘れさせるほどの力が、無意識にはある。

では、

「私は天才かもしれない」

と言ったらどうなるか。「そうか、この人を天才にしなければいけない」と無意識は考え始める。そして、無意識はあなたを天才にする力も持っている。

もうおわかりだろう。自分自身のことをさげすんだ言葉で表現してはならない。とりわけ自分のアイデンティティについてはそうである。アイデンティティとは、「私は◎◎である」と言ったり考えたりするときの「◎◎」に入れる言葉である。

人間は、自分のアイデンティティに合致した行動しか取らない。

「私は日本人である」

となれば、日本人らしい行動をたちまちし始める。

「私は社長だ」

となれば、社長らしい行動をしようとする。

「私は大金持ちだ」

となったら、大金持ちらしい行動をしようとする。

アメリカ大統領にまでのぼりつめたドナルド・トランプは、かつて700億円の借金を抱えてしまった。普通の人はそこで自分のことをどう表現するだろうか。

「私は終わりだ」

「私は全滅だ」

しかし、ドナルド・トランプはそうは考えなかった。違う見方をした。

「私はたまたま銀行の預金残高が減っている大金持ちだ」

そして外に出て、彼は700億円になるようなディールがどこにあるのかを探し、次の取引でその借金をすべて返済した。

無意識の力を使う力強い方法を、あなたに教えておこう。それは、自分の無意識に命令をすることである。自分の望んでいることは、どんなことでも無意識に命令することができる。命令として表現することができる。

自分の無意識に、「百万長者にするように命令をする」。その宣言は簡単にできる。自分の無意識に、「私にふさわしい伴侶を探し出すように命令をする」。その宣言は、誰にでもできる。

そして、無意識はしっかりそれに答えてくれる。人生は、あなたの要求するようになっていくのである。

先に、母のデスクの上にあったイラストをめぐるエピソードを記した。これはつまり、こういうことだったのだ。あなたは、あなたの生きたい人生を、実は生きているに過ぎないのである。

脳の形は変えられる

人間がオルドバイ渓谷から起ち上がってから今日に至るまでの200万年の歴史は、カロリー不足の歴史だったと、すでに書いた。食料を手に入れることが大変だったのだ。

だから人間の身体は今もなお、できるだけ省エネルギーにするようにできている。そして、人間の身体の中で最もエネルギーを使うのは脳である。こうして、私たちはできるだけ脳を使わないようになった。

これは、私たちが無限の現実に向かおうとするとき、大きな意味合いを持っている。できるだけ脳を使わないようにしているので、あなたの脳は「ザル」のようになっているのだ。

できるだけ情報を逃すようになっている。試験の勉強をしたことがある人であれば、これが真実だと、すぐにわかるだろう。何でも、すぐに忘れてしまう。しかし、それは自然なことなのだ。

脳は五感、目から、耳から、触覚から、嗅覚から、味覚から入る情報をすべて処理しようとしたら、加熱を起こして死んでしまいかねないのである。

だが、ザルがどのような「しくみ」になっているのかは知っておいたほうがいい。

脳は大切だと思う情報だけを拾うようにできている

多くの人は、目標を設定したり、ビジョンを描くとき、やり方が見えてきたら、初めて口にしたり、書き留めたり、これは自分はやりたいと認める。つまりは、できそうなことだけをやろうとするのだ。しかし、これは大きな問題である。

なぜなら、自分の脳はどう思っているのか。こう考えるのだ。

「どうせあなたがやらないのであれば、どうして、そのやり方を知る必要があるのか。どうせあなたがやろうとしないのであれば、どうしてそのやり方を探さなければいけないのか」

こうして、その目標を達成させる方法の情報が実は目の前にあったとしても、脳は素通りしてしまう。すべてザルの目から抜けていってしまうのだ。

新約聖書の中に書かれてある通りである。

「探せば、見い出す」

多くの人たちは、見せてくれれば信じると言う。しかし、そうではない。信じれば、見えるようになるのだ。

デビアスの兄弟たちにはまったく見えなかったダイヤモンドが、ダイヤモンドを探している人たちには見えたように。

実は私自身、実体験がある。20年以上前、一つの目標を書き留めた。それが、これである。

「宇宙に行きたい」

ここ数年、いろんな人たちが宇宙に行ってメディアを騒がせているが、私は20年も前に宇宙に行っていたのである。そのときは、誰も騒がなかったのではあるが。

宇宙に行きたいという目標を掲げたとき、どうしたら宇宙に行けるのか、私にはさっぱり見当もつかなかった。言うならば、不可能な夢に過ぎなかったのだ。

しかし、私は宇宙に行ったのである。

なぜ、私は宇宙に行くことができたのか

宇宙に行くことができた理由は、はっきりしている。

「宇宙に行きたい」

という目標を書き留めた瞬間、脳のザルの形が変わったのだ。宇宙関連の情報がすべて引っ掛かるよう、網状が変わったのである。

道を歩いていて、宇宙関連のポスターが外壁にかかっていたら、すぐに目に入った。会社で隣の部屋から、宇宙の話が聞こえてきたりすると、すぐに耳に入った。宇宙関連の映画やテレビ番組は自然に見るようになった。そして、宇宙に行く方法が、徐々に見えていった。実は方法はたくさんあったのだ。それを私は、把握していったのである。

あなたに不可能な夢を現実化させる方法を教えよう。

最初のステップは、これだ。

「自分はこうしたい、そうなりたい、と素直に認める」

だが、実はこれは簡単なステップではない。

私の場合も、宇宙に行きたいと言うためには、「自分は宇宙に行くような人なのかもしれない」という自己イメージを持ってからでないと言えなかった。正しい目標を掲げることは、古い自己イメージを破壊することが必要になる。

1000億円長者になりたいと言うためには、「自分は貧乏だ」「自分はいつもお金がない」というイメージを壊してからでなければいけない。

だから、自己イメージを壊す。そして、こうなりたいと素直に認める。

私も、宇宙に行きたいと素直に認めた。

次のステップはこれだ。

「なぜ、そうなりたいのか、そうしたいのかを明確にする」

最初のステップを踏むことができても、ほとんどの人が、このステップを飛ばしてしまう。しかし、それは大問題だ。

私がどうして宇宙に行きたかったのか。それは、ボール状の地球を見たかったからである。これを明確にしないとどうなるのかというと、窓のない宇宙船で宇宙に行くことになるかもしれない。

実際のところ、窓のある宇宙船と、窓のない宇宙船は、どちらが造りやすいか。それは、明らかに窓のない宇宙船である。しかし、それでは本当の目的は達成されない。

本当の目的を考えなければ、それが入っていない夢がそのまま実現されてしまうのである。

3番目のステップは、これである。

「自分の夢を現実化させる方法をどんどん明確にしていく」

宇宙に行く方法は、実はたくさんある。

例えば、アメリカ合衆国海軍に入隊し、パイロットを志願し、その競争に打ち勝ち、ジェットを志願し、その競争に打ち勝ち、戦闘機を志願し、その競争に打ち勝ち、トップガンになり、やがてＮＡＳＡに注目され、抜擢され、18年間の訓練を受けてやがてミッションが与えられる。

そんなのは無理だ、とあなたは思うかもしれないが、そんなことを考える必要はない。宇宙に行くこういう方法もある、と理解するだけでいいのだ。必要なのは、あくまでも可能性思考だ。


さて、他に宇宙に行く方法はないのか。あった。多くの科学者が、自ら実験を提案し、その実験を管理するために宇宙に上がっていた。科学者路線もあるということだ。アメリカの上院議員ジェイク・ガーンは、上院の予算委員会の委員長になった。彼はＮＡＳＡに行き、どうしてこんなに宇宙開発にお金をつぎ込まなければならないのか、理解できないと言った。ＮＡＳＡは、自分たちの予算が切られないよう、彼を宇宙に送り込んだ。政治家路線もある。

ロシアの政府に20億円のお金を払って、スペースステーションに上げてもらった人もいる。金で解決する方法もある。

こんなふうに、次から次へと方法が見えてくる。そうこうしているうちに、私の耳にある話が入ってきた。それは、戦闘機「ミグ25」が標高記録を持っていて、近宇宙に入ることができる、という話だった。

近宇宙では無重力にはならないが、ボール状の地球は見える。私の目的にぴったりだった。こうして20年前、私は宇宙に行ったのだ。その費用としてロシア空軍に払ったのは、たったの1万1500ドルだった!

大金持ちになりたい人は、たくさんいる。その方法も、たくさんある。ビジネスを作って、そのビジネスを上場させるなり、売却するという方法がある。宝くじに当たるという方法がある。玉《たま》の輿《こし》という方法もある。有名なスポーツ選手、歌手、作曲家、作家などになるという方法もある。

道はいくらでもあるのだ。いくらでも湧いてくる。それを洗い出すことだ。そしてその一つを、実践すればいいのである。

才能を問題にしてはならない

宇宙に行った話について、もう一つだけ言っておきたいことがある。それは、当たり前の見方を変えてみるということ、そして才能を問題にしてはならない、ということだ。

宇宙に行く、というとき、どんなことを想像するだろうか。とても難しい目標で、宇宙はとても遠いものに感じる人が多いのではないだろうか。

だが、そうではない。宇宙は、あなたが座っているところから空に向けて約26キロ離れているだけなのである。26キロは、普通の健康な人間であれば、午後の時間を使って歩ける距離である。

早起きすれば、朝ご飯の前に歩ける距離、と言えるかもしれない。つまり、朝飯前だということだ。

しかし、それは上に向かって歩ければ、の話である。ほとんどの人は、横ばいに歩いて生きている。毎日、同じことを繰り返している。権威ある人に言われた通りにやっている。ルール通りにやっている。自分の惰性、習慣を繰り返しているだけなのである。だが、それを疑うのだ。モノの見方を変えるのだ。

自分の目標はどんなに遠いものに感じていても、上に向かって歩めば、あっという間に到着するのである。エベレストのてっぺんだって、海抜8・8キロしかない。

ほとんどの人が平凡である理由は何か。それは、成長をやめてしまっていることである。なぜ、みな成長をやめるのか。私には、これが不思議でならない。

あなたは赤ちゃんのとき、歩く練習をした。何度も転んだはずである。しかし、そこで諦めずに歩けるようになるまでやり続けた。だから、歩けるようになった。ところが、普通に平凡に歩けるようになったら、あなたはたちまちその練習をやめてしまった。だから、成長しなくなった。より上手に歩こうとはしなくなった。

もし、あなたが赤ちゃんのときから今日に至るまでずっと、より上手に歩こうと成長し続けていたら、どうなっていただろうか。あなたは、世界で一番上手に歩ける人間になっているはずである。

そうすれば、全世界のスーパーモデルが、あなたのところに通って歩き方を教えてもらいにくるに違いない。あなたは10億単位の資産を形成し、モナコに住んでビジネスを引退しているかもしれない。

あなたが赤ちゃんだった頃、歩けるようになった後、話せるようになった。最初はとても、難しかったはずである。下手くそな会話をたくさんした。「バブバブ」「ダダダダ」「ママママ」……。

だが、やがて普通にまわりの人たちと同じレベルでしゃべれるようになった。そうすると、あなたはそこで成長をやめてしまった。より語彙《ごい》力をつけることも意識しなくなった。より美しく発音しようともしなくなった。発声の練習もしなかった。

あなたがもし、子どもの頃から今日に至るまでずっと話し方を練習していたら、あなたは今、有名な政治家や講演家、アナウンサーや声優などになっているだろう。成長さえ、やめていなければ。

才能の問題などではない。才能は神話である。みんな生まれ持った才能について語るが、そんなものがあるというデータは、実はどこにもない。

モーツァルトでさえ、その父親が誰であったのかをみんな忘れてしまっている。モーツァルトの父親は、ヨーロッパナンバーワンの音楽講師だったのだ。モーツァルトは3歳になるまで、あなたが一生涯で聴くほどの音楽を、耳にしているのだ。

そうした素晴らしいものに接し続け、厳しい練習を重ね続けたからこそ、モーツァルトはあった。

誰でも同じである。素晴らしいものに接し続け、練習をし続ける。これさえやっていれば、私たちは無限の世界に行くことができるのである。

幸福への簡単な道、「最小主義」

新しい冒険の旅、無限の存在になる旅に出かけようとするとき、最も邪魔なものは執着である。過去のしがらみである。これに対抗する、一つの素晴らしい方法がある。それは、「最小主義」を実行することだ。

一言でいえば、断捨離《だんしゃり》。生活の中で必要なものを、どんどん少なくしていく。必要のない人間関係も整理していく。生活の中で、必要のない時間の過ごし方も減らしていく。シンプルになっていくということだ。シンプルは、無限への近道である。

所有物はあなたではないのである。生活を限りなくシンプルにすると、たくさんの時間が生まれる。時間管理の名人、ハイラム・スミスは次のように言った。

「所有物は、すべて時間に対する要求である」

まさにこの通りだ。所有物は、自分の注意を引く。集中できないのは、所有物が多過ぎるからである。生活の中に入り込んでいることが多過ぎるからである。

天国は外にあるのではない。内にあるのだ。「中」にあるのだ。インドの聖人君子サドクルは、こう言っている。

「あなたはあなたの通りに起きなければならない」

少し不思議な言葉である。私たちはみな、自分の思う通りの出来事が、自分のまわりで起きるのを待っている。しかし、どうだろうか。わずか24時間でも、まわりの出来事が、あなたの思い通りになったことはあるだろうか。絶対にない。これからもない。

秘密を教えよう。

大切なのは、まわりではなく、自分自身が自分の思う通りになることだ。

これは先にも紹介したことでもあるが、わずか24時間、あなたは自分の思う通りになることができるだろうか。自分の感じたい通りに、24時間感じることができるだろうか。やってみるといい。

まわりの出来事で起きていることではないのだ。問われているのは、自分なのだ。同じ状況なのに、違うことを感じている人がいくらでもいるのは、そういうことなのである。

あるところに双子がいた。双子は別々の部屋に入れられた。片方の部屋には、ありとあらゆる最先端のおもちゃが置いてあった。もう一つの部屋にあったのは、馬糞《ばふん》だった。

1時間ほどして部屋の中を覗くと、素晴らしいおもちゃでいっぱいの部屋の子どもは、大声で泣き叫んでいた。

「わーん、このおもちゃは壊れている」「わーん、このおもちゃじゃなくて、あのおもちゃが欲しい」「わーん、こんなおもちゃは嫌いだ」……。

この子どもは、まわりの状況がどんなものであろうと、絶対に幸せになることができない人間である。

一方、馬糞しかない部屋に入った子どもは、スコップを持って、あちこちに馬糞を投げつけていた。大声で笑っていた。楽しそうだった。

「こんなに馬糞があるんだから、絶対にこの部屋の中に子馬がいるに違いない。そいつを探しているんだ」

仮に一見、ひどい状況だったとしても、その中にも必ずいいことがあるはずである。この子どもは、それを探せる人間だった。それができれば、どんな状況でも、楽しい気持ちになれるのだ。

天国を作る人、地獄を作る人

天国は、自分の「中」で作るものである。多くの人は、来世で誰かが自分のために天国を作ってくれると勘違いしている。あなたに申し上げておこう。そんなことは絶対にない。神様は、あなたのために天国を作ってくれはしない。

この地球において、地獄しか作ることができない人間が、来世に渡って天国に行ったとする。どうなるだろうか。その人は、天国の中でさっそく地獄を作り始めるだろう。一週間も経たないうちに、天国の家は汚れ始める、天使たちとの人間関係が崩れ始め、悪魔たちが集まり始めるだろう。一年も経たないうちに、天使たちはみなよそへと引っ越すだろう。神様もよそへと引っ越す。自分の天国だったはずの場所は、地獄になってしまうのだ。

その一方、この地球において、天国を作り慣れている人が、来世に渡って地獄に行ったとする。どうなるだろうか。その人は、地獄の中でさっそく天国を作る。

すべてを片付けてきれいにし、まわりの悪魔たちにも親切に接し、みんなこの人と一緒にいたいと思うだろう。天使たちが引っ越してきて、一年以内にそこは天国と化す。

天国はどこで作られるのか。自分の心の「中」で作られる。

だから、自分の中を、自分の最も過ごしたいリゾート地にしておくことだ。一番の安らぎの場所としておこう。そして、それを広げていく。

自分の小さな家を小さな天国にしていくことはできないだろうか。自分の庭があれば、それを小さな天国にすることはできないだろうか。そこでさらにそれを広げて、まわりの人たちにとって、あなたと一緒に過ごす時間を天国にすることはできないだろうか。

これをどこまで広げていけるか。それこそが、人生のチャレンジである。

幸福への近道を教えよう。それは、簡単なことで満足することだ。ありとあらゆるところで、高価なものがないといけないと考える人がいる。ありとあらゆる条件が整っていないと満足できない人がいる。そう思っていたら、いつまで経っても幸福にはならない。

私は昔、月5万円で暮らしていたことがある。家賃と光熱費込みで、である。1カ月の食費は1万円。1日約300円である。豪華なものは何もない。しかし、生活は楽しかった。

子どものような心を呼び覚ませば、いくらでも我々は安価な楽しみを見出すことができる。

楽しむために、子どもは何を必要とするだろうか。棒と小石さえあれば、子どもはいくらでも楽しむことができるのだ。

自分の心をシンプルにしよう。安価なものの中に快楽を見出そう。人に対する自分の接し方に幸せを見出そう。言葉づかい一つに愛を見出そう。

難しいルールは禁物だ。人生というゲームは、実は簡単なルールによってできているのである。

第10章

死とは何か

あなたがなくなるわけではない

人生において、あなたがどこに向かっているか。それは明らかである。間違いなく、死に向かっている。私たちはみな、生まれたときから死すべき身体を持っている。だが、形あるものはすべて存在を始めると、しばらく形を保ち、そこから崩壊していくのだ。

インドの「オーム」と呼ばれている音を紹介しておこう。「ＡＵＭ」と書く。これは、インドの宗教観の中に、３つの神様がいることを表している。先にも記したブラフマー、ヴィシュヌ、シヴァ神である。

ブラフマーは創造の神様。万物の創造主である。つまり、形を作り出す神様だ。

面白いことにインドに行ってみると、あれほど寺院の多い国なのにもかかわらず、ブラフマーを祀《まつ》る寺院はどこにもない。

これは、他の神様が文句を言ったからだそうである。

「あなたは万物を創造した上に、さらに自分を祀る寺院まで要るというのか」

「万物そのものが、あなたを祀っている寺院ではないのか」

たしかにその通りだろう。創造するので、数字で表せば、「プラス1」とも記せる。

ヴィシュヌは、保持の神様である。形をそのままに保つ。形あるものが形をなすと、しばらくその形をなし続ける。これは、ヴィシュヌのおかげである。保持なので、数字で表せば、「ゼロ」とも記せる。

そして、シヴァ神は、崩壊の神様である。転換の神様とも言う。その形を崩し、違う形にそれを変えていく。壊すので、数字で表せば、「マイナス1」と記せる。

この3つ神様の概念があるから、数学はインドで生まれた。他の国で生まれたのではない。創造主だけの宗教ならば、プラスの数字以外はいらないのだ。そこで、インドの哲学者、ブラーマグプタは、他の神様の働きを示すために、ゼロとマイナス1の数字を打ち出したのである。

なぜ「AUM」なのか。

「アー」という音を発声する。音が出てくる、形が現れる。

「ウー」という音を発声する。その音が続く。形の継続を表す。

「ンー」という音を発声する。その形が崩れていって、また、無に戻る。そして、「無」。

この無は沈黙である。日本ではこれを「阿吽《あうん》の呼吸」と呼んでいる。


あなたの人生もこれと同じである。あなたは生まれて形を持ち、アイデンティティを持ち、名前を持ち、意識を持ち、しばらくそれが続き、やがてなくなっていく。

しかし、身体がなくなっていくことは、形のないあなたがなくなっていくことを意味しない。このことを理解することは、とても重要である。

問題は、「本当に生きる」かどうかである

身体というものは、食べることによって集めた、物質のコレクションに過ぎない。コレクションであるためには、コレクターがいなければいけない。そして、コレクターは、コレクションに先立たなければならない。

あなたの身体をなす物質を集め始めたのは、誰だろうか。それこそが、本当のあなたである。それは、身体に先立つ存在なのだ。

それでも身体が自分だと言うなら、哲学の観点だけではなく、科学の観点で考えてみよう。あなたの身体は細胞でできている。正確には、細胞とバクテリアでできている。先にも記した通りだ。

各細胞の中には、別の生き物も生きている。ミトコンドリアである。肝臓細胞であれば、1細胞の中に2000個のミトコンドリアが生活している。

あなたの身体は、全部で１００兆もの生き物の集合体なのだ。では、その１００兆もの生き物は、あなたと同じときに生まれたのだろうか。先にも触れているが、そうではないことはすぐにわかる。

例えば、白血球は24時間しか命がない。

おととい あった白血球は、もう今はいないのだ。

命が短いのである。

この身体を構成しているものは、あなたと同じときに生まれるものでもなければ、あなたと同じときに死ぬものでもない。そして、あなたの身体を離れて生きることができる。

輸血ができる。移植手術ができる。違う身体に引っ越してしても、楽しく細胞は生活できるのだ。

だから、あなたはこの身体ではないのである。それは科学的にもすぐにわかるのである。

ダライ・ラマ14世の教え

仏教の「般若心経」では、まさにこのことが語られている。

「不生不滅《ふしょうふめつ》、不垢不浄《ふくふじょう》、不増不減《ふぞうふげん》、是故空中《ぜこくうちゅう》」。

汚れるものでもなければ、清められるものでもない。増えるものでもなければ、減るものでもない。その故に、これらはすべて自分ではないというものに含まれる。

すべて自分ではないと説いていくのだ。

私たちは、それ以外のもので、この世界を作り上げている。外を観察することで、世界を作り上げている。だから、般若心経は最後にこう説く。

「羯諦羯諦《ぎゃていぎゃてい》、波羅羯諦《はらぎゃてい》、波羅僧羯諦《はらそうぎゃてい》、菩提薩婆訶《ぼじそわか》」。

行こう。向こうまで行こう。完全に向こうまで行こう、と。

私はダライ・ラマ14世から、伝授を受けた。自分自身を切り捨てて、真我を見ようとするのだ。だが、少しでも到達したからと、行くのをやめてはいけない。まだ到達していない。

もう到達したと思っても、まだ到達していない。だから「波羅僧羯諦」。完全に向こうまで渡ろう、となるのだ。

第10章
死とは何か

本当の自分とは

昔から仏教では、次の考案がある。

「あなたは顔を持つ前に誰だったのか」

あなたは身体ではない。マインドでもない。マインドは、いろんな思い出、計画、創造のコレクションである。しかし、ここでもコレクションがあるためにはコレクターがいなければならない。そして、コレクターは、コレクションに先立たなければならない。

あなたの最初の記憶を作ったのは、誰か。最初の思いを作ったのは、誰か。最初の計画を立てたのは、誰か。

それこそが本当の自分である。それは、マインドに先立つ存在でなければならないのだ。

あなたは、エモーションでもない。自分の感じているエモーションを感じているのは、誰だろうか。それは自分であり、そのエモーションに先立たなければならないのだ。

自己観念でもない。自分の掲げているさまざまなアイデンティティや名前などは、単なるラベルである。本当の自分とは、ほぼ遠い存在である。

第10章 死とは何か

人生を生き切る

みんな死ぬのだ。例外はない。だが、それは問題ではない。問題は、その前に「本当に生きる」かどうかである。先にも触れた。人生の最後になって、振り返ってみて、こう叫べるか、だ。

「私は生きたんだ、どうだ!」

そして残る人たちに向かって、次のように言えるか。

「あなたが、このくらい生きられるなら、このくらい生きてみろ!」

そう言ってステージを去るなら、死は悲劇でも悲しい出来事でもない。

生き切った人間の葬儀に出たことがある。それは、お祝いだった。美しさしかなかった。あなたの最期も、そうなることを祈るばかりである。

病院で死んではいけない

縁あって、かつて人体解剖に参加する機会を私は得たことがある。これは、とても貴重で、とても珍しい経験だった。

世界一の解剖学士の研究室に入った。そこには7体の遺体がプラスチックの袋に入れてあった。1人体につき、4、5人のチームを結成し、解剖を行うことになった。

先生は、私たちに指示を出した。

「ここでやっていることは、異様なことです。とても非日常的なことです。いろんな感情が芽生えてくると思います。だから、自分は大丈夫じゃない、と感じたときには、隣の人に向かって『私は大丈夫ではありません』と言ってほしいのです。今、それを練習しましょう」

私たちは、隣の人に向かって「私は今、大丈夫ではありません」と言った。

「もしそうなったら、誰かが外に連れていきましょう。今日は天気がいいし、太陽も出ているし、座れる芝生もある。自分のいろんな感情を咀嚼《そしゃく》してから、戻ってくればいい」

そして、人体の解剖が始まった。最初の30分だけは、とても複雑な気持ちだった。しかし、30分経つと、その気持ちはすべて消え去った。なぜか。はっきりと理解できたからである。


「これは人ではない。その人はもう去っている」

ここにはもういないということだ。

現代人は、遺体に接する機会が少ない。昔の人は、遺体と接する機会がたくさんあった。だが、今は病院で亡くなる。しかも、死ぬとすぐにそこから運び出されてしまう。

昔の人は遺体に接すると、みな同じことを感じていたと思う。

「この人は、もう去った」

それで、魂というものの存在を確信する。身体を動かしているのは、魂なのである。魂を発生させているのは、身体ではない。逆である。死ねば、その人はもうここにはいないのだ。

そのことがわかったら、あとは好奇心だけが私には残った。その人が後に残してくれたこの遺体は、何を教えてくれるだろうか。

家族の死も同じだ。その人の残した人生は、何を教えてくれるのだろうか。


やがて死を迎えるにあたり、自分の死に方として決めたことが3つある。

1つ目は、病院では死なない、ということである。不思議なことを言うようだが、病院で死んだら、これは100パーセント医療ミスだと私は考えているからである。

そもそも、何のために入院しているのか。

それは施せる医療的な処置があると思っているから入院しているのだ。しかし、そこで死んでしまったら、施せる医療の処置がなかったということではないか。つまり、医療の判断ミスである。

私は病院では死なない。私は生きている間に死にたいのである。精一杯、自分の人生を追求しているときに亡くなっていくことを決意しているのだ。

2つ目は、がん、心臓病、脳卒中、糖尿病で死なない、ということである。これでは申し訳なさすぎる。近所に対して、何の話題提供にもならないではないか。

「あの方はどうなりましたか？」

「ああ、心筋梗塞で亡くなりました」

「あ、そうですか」

で話が終わってしまう。

それなら、ヒマラヤ山脈で瞑想中にヒョウに食われてしまった、くらいの死に方のほうがいい。きっと20年後も、多くの人が語り合っているはずだ。面白い生き方をしたいし、最期は面白い死に方をしたい。人生は結局、ストーリーに過ぎないからである。

３つ目は、お金を残さずに死ぬことである。大きな財産を持ったまま死んでしまったら、これは単なる計算ミスではないか。お金は何のためにあるのか。私たちの人生を生きるためにあるはずである。

なのに、お金が銀行に眠ったままで死んでしまったら、あまりにももったいない話ではないか。

時速１８０キロの速さで飛び、髪の毛を燃やしながら、面白く、貧乏で死んでいきたい。そして、次の世で、また会おう。

おわりに

私は経営コンサルタントでもあるが、一方でヨガを教えているマスターでもある。
ヨガとは、サンスクリット語で「統一」を意味する。統一とは何かというと、マインドの動きを停止させることである。天地宇宙をAとBに分けているのが、マインドだ。

好き嫌い、あれがしたいしたくない、これが欲しい欲しくない、それが見たい見たくない……。マインドは日々、忙しくあなたの中でうごめいている。この動きが止まったら、統一される。

実はマインドは、自分自身を知ることができない。なぜならマインドは、自分の頭の中で起きている世界だからだ。マインドが捉えられる現象の中に、自分はない。マインドは、現象面ばかりを見る。だから、自分以外をせわしなく見ているのである。

しかし、マインドを停止できたとき、初めて自分自身が見える。これが、「真我」である。苦しみは、マインドの動きによって、形に対する執着から生まれているのだ。その執着がなくなれば、苦しみはなくなる。

悟りを開いた人たちは、「自分だと思っていたもので自分であるものは一つもなかった」ということに気づく。そして、苦しみから解放される。

このマインドの動きを止めるのが、ヨガなのだ。その方法の一つが、「瞑想」である。

ヨガは、基本的な生活の態度を求める。抑制、非暴力、嘘をつかない、禁欲、非所有、清潔、足《た》るを知る、修業、勉強、神への服従。これがなければ、悟りの境地には到達できない。マインドが忙しいままだからだ。だが、瞑想は日常的に挑める。

瞑想を難しく考えている人も多いが、実はシンプルである。まず大事なことは、姿勢。ラクに座れる姿勢を整えること。

それから、「気」をコントロールする。つまり、呼吸である。呼吸は4つのパーツからできている。吸う、止める、吐く、止める、である。この4つのパーツを意識しながら、呼吸を整える。

呼吸を整えたら、五感を遮断する。五感とは、外の世界を知ろうとする、私たちの機能である。それを遮断することで、意識を内面に向かわせる。

次に、自分の意識を一点に集中させる。どんなやり方でもいい。一点に集中してそれを継続させることで、「三昧《さんまい》（サマディ）」と呼ばれる状態に入る。こうしてマインドの動きが落ち着いていく。

これが、自分の本当の姿を理解する入り口となる。「今」にいれるようになる。

聖人君子はなぜ聖人君子なのかといえば、「今にいる」という技を身につけているからである。その一つの方法が、「瞑想」なのだ。

多くの人は、過去を思い返し、未来を不安視し、「今」にいる間がない。「今」にいる間がないから、「今」を楽しむことができない。「今」しか私たちは生きることができないのに、そこに気づけていない。

「今」とは何だろう。考えてみたことはあるだろうか。あなたは10年前、どこにいただろう。30年後はどこにいるだろう。

「今」なのだ。

となのだ。

「今」とは永遠という意味なのである。だから、「今」に生きる人は、永遠に生きるこ

マインドが忙しい人は、過去や未来ばかりを気にして、「今」を忘れてしまう。それは、生きることを忘れているということだ。死ぬことばかりを恐れ、命を追求することと、生きることを追求することを忘れてしまっているのだ。

「瞑想」は、永遠に生きるためのシンプルな方法なのである。

最後になったが、本書の刊行にあたっては、フローラル出版代表の津嶋栄さん、ブックライターの上阪徹さんにお世話になった。この場を借りて、御礼申し上げたい。

人生に意味や意義を見出したい多くの方に、本書が少しでもお役に立てますことを。

2023年1月

ジェームス・スキナー

次の行動

『神の数学』存分に楽しんでいただけましたでしょうか？

そして、自分の「4つの元型®」を開拓することにより、手に入れられる大きな可能性を感じていただけましたでしょうか？

そこで、継続的に、直接的に、私からメンタリングを得られる機会を紹介したいと思います。それは、「We are ONE」＝「私たちはみんなひとつ」というオンライン学習・相互サポートのコミュニティーです。

「We are ONE」では、毎月テーマを決めて、具体的な人生の生活の改善項目を定め、みんなで協力し合いながら、生活を改善しています。

Zoomなどを使い、私と直接、頻繁に繋がり、メンバーと語り合いながら、より素晴らしい人生へと導いていています。

また、メンバーによるオフ会や、私を呼んでのリアルセミナーなども行っています。

とにかく、メンバーが暖かくて、横の繋がりも貴重なものになっています。

そして、おそらく、他のどの方法よりも、私と頻繁に接する機会になっています。

それもとても参加しやすい安価で実現しています。

もし、より健康的で、愛に満ちた、裕福で、意味と意義のある人生を探していらっしゃるなら、「Ｗｅ　ａｒｅ　ＯＮＥ」で世界中のメンバーがあなたの居場所を提供してくれるに違いありません。

あなたの人生を今すぐ、次のレベルに持って行きましょう。

きっと、新しい自分に出会うに違いありません。

［著者プロフィール］

MAHANANDA （ジェームス・スキナー）

400万部突破のベストセラー作家。現代の賢者。

世界的経営コンサルタントとして有名だが、本作では神秘家、冒険家、ヨガマスター、武道家、アスリート、アーティスト、科学者などの多くの顔をもつ、正に「現代の賢者」としての側面に焦点を当てている。

日本国内では、200万部を突破した『7つの習慣』（キングベアー出版）を和訳し、日本のビジネス界に広げた功績が非常に大きい。

著書にはミリオンセラーの『史上最強のCEO』（フローラル出版）をはじめ、『成功の9ステップ』シリーズ（幻冬舎）、『お金の科学』シリーズ（フォレスト出版）、などベストセラー多数。

メディアでも、CNN、Financial Times、Forbes、Economist、NHK、テレビ朝日、日本テレビ、TBS、テレビ東京、日本経済新聞、朝日新聞、産経新聞、週刊朝日、サンデー毎日など多数取り上げられた実績をもつ。

多くの王族、大統領や大物政治家、聖人君子、芸術家、作家、経営者との交流をもち、その知恵と人格から、絶大な信頼を得ている。今までのセミナー・講演会で指導した人数は50万人以上という、驚異的な実績を誇る。

「MAHANANDA」はジェームス・スキナーのヨガネーム（聖名）。

神の数学

2023年4月3日　初版第1刷発行

著者	ジェームス・スキナー
発行者	津嶋　栄
発行	株式会社フローラル出版
	〒163-0649
	東京都新宿区西新宿1-25-1
	新宿センタービル49F + OURS内
	TEL　03-4546-1633（代表）
	TEL　03-6709-8382（代表窓口）
	注文用FAX　03-6709-8873
メールアドレス	order@floralpublish.com
編集	津嶋 栄（フローラル出版／日本経営センター）
出版プロデュース	株式会社日本経営センター
出版マーケティング	株式会社BRC
印刷・製本	株式会社ティーケー出版印刷

ISBN 978-4-910017-32-7